2022 Illusione Ottica

Guida pratica all'unione con la fiamma gemella e al tuo risveglio spirituale

Elisa Batoni

www.elisir77.com
ISBN: 9798370414466

A mia figlia Asia

«*Il segreto, cara Asia, è circondarsi di persone che ti facciano sorridere il Cuore. È allora, solo allora che troverai il Paese delle Meraviglie.*»

Il Cappellaio Matto

«Guai a chi avrà amato solo corpi, forme e apparenze. La morte gli toglierà tutto. Cercate di amare le anime, le ritroverete.»

Victor Hugo

Sommario

INTRODUZIONE

Ho sempre avuto una forte sensibilità, tanto da definirmi quasi una medium, ma avrei mai potuto pensare di essere pronta al salto quantico?

Per la maggior parte di noi, la risposta a questa domanda è: «No, non sono pronta». Ma la tua anima, invece, ha deciso che lo sei.

L'incontro con la *fiamma gemella* è un percorso alchemico di ricordo del sé, del vero sé. Le fiamme gemelle hanno iniziato a riconoscersi e incontrarsi dagli anni Settanta in poi. Dal 2012 si è avuto una forte intensificazione del numero di incontri, infine, il periodo di pandemia ha fatto da catalizzatore di questi.

Premetto che, nella guida che vi apprestate a leggere, utilizzerò terminologia comprensibile a chi conosce già l'argomento, lo ha studiato o lo ha vissuto, ma, nonostante ciò, spesso i termini possono trarre in inganno.

Per esempio, parlare di incontro tra fiamme gemelle è un controsenso in sé, perché, può la stessa anima incontrarsi? Vi spiegherò più avanti questo punto.

Partiamo con ordine. Le fiamme gemelle sono due persone che condividono la stessa anima. In tutta la letteratura a esse dedicata, l'unica considerazione su cui si è è che si tratta di due corpi con la stessa anima. Quando si verifica il *riconoscimento animico* e ci si accorge di essere "anima", ci si trova in uno stato dimensionale diverso, si inizia a percepire una realtà che prima non si poteva percepire, anche se è sempre stata lì.

Ma dall'unione quasi perfetta che si riconosce in questa persona, arriva una fase in cui il cosiddetto "maschile divino" (che potrebbe essere anche rappresentato da una donna nel senso biologico del termine) ti abbandona senza nessuna spiegazione logica. Questa affinità, chiamiamola "elettiva", questo Eden, che si aveva in un primo momento, scompare, e la persona fa *ghosting* e si mostra completamente glaciale nei tuoi confronti. Si entra nella *dark night of the soul*. Più che notte oscura dell'anima, la chiamerei, però, "notte oscura dell'ego".

Questi incontri sono molto particolari, la cosa che ti dirà il divino maschile (così chiamato sempre nel gergo *new age*, cioè l'energia maschile, la parte inconsapevole) è che, con te, si sente a casa. Vi è questo grande riconoscimento, questa persona si sente di averla già vista, vi è decisamente qualcosa di familiare in lei.

Solitamente, all'inizio della relazione ci si trova in una bolla d'amore: un momento intenso, un amore che ci fa avere la sensazione di essere "tornati a casa": si sta in pace, si sta in *zen*. Normalmente, poco dopo, avviene la separazione di cui si parlava sopra e il maschile si allontana senza motivo, lasciando il femminile in preda a dubbi, domande e un grande dolore. Da un punto di vista mentale e duale, il comportamento del divino maschile viene spesso scambiato per un tratto narcisistico della personalità, quando non ha niente a che vedere con tale dinamica. Altri, invece, scambiano la *fiamma gemella* con un'*anima gemella potenziata*. E questo è l'equivoco più grande della storia di tutti i tempi, che internet non fa che incrementare.

Sul piano logico, non c'è modo di darsi delle spiegazioni a riguardo perché la fiamma (divino maschile, lato inconsapevole) è mossa inconsapevolmente dalla nostra energia (divino femminile consapevole) e, sul piano mentale, mostra solo separazione. In questo caso siamo l'esatto opposto l'uno dell'altra.

Il cosiddetto "maestro inconsapevole" ci mostra che ci stiamo identificando con il piano duale, con quello che Eckhart Tolle chiama il "corpo di dolore".

Che il dolore ci permetta di crescere è una delle prime consapevolezze che abbiamo. Quel dolore che il maschile ci mostra, però, non ha niente a che vedere con lui e ci appartiene da sempre, da generazioni, fin dai tempi dei nostri antenati o da altre vite, ma noi, semplicemente, non lo sappiamo. Queste memorie si trovano all'interno dei nostri corpi, della nostra macchina biologica, anche se non le abbiamo vissute in prima persona.

Noi siamo in grado di sciogliere i blocchi fino a sette generazioni precedenti. E siamo lo sciamano in grado procedere in questo senso, anzi, colui che ha il *dovere* di farlo per il bene delle generazioni che ci hanno preceduto e per quelle successive, anche per la nostra evoluzione. È il miglior modo di mettersi al servizio degli altri e il miglior modo di vivere l'abbondanza della *Matrix Divina* (vedi Gregg Braden).

L'incontro con la fiamma permetterà di sciogliere alcune dinamiche inconsapevoli con semplici esercizi: l'esercizio della presenza nel qui e nell'ora, quello dell'attenzione divisa e il "mettersi al servizio".

Con l'aiuto degli esercizi, si tenderà a identificarsi sempre più con il vero io e si libererà il corpo di dolore.

La fiamma è una porta, e come tale deve essere aperta per accedere a un nuovo mondo, che è il mondo del *risveglio spirituale.*

Non tutti hanno accesso al risveglio spirituale dalla stessa porta, anzi, in pochissimi ce l'hanno. Spesso perché non si presenta l'occasione giusta e altre volte perché, invece di aprire quella maledetta porta, le persone si concentrano su di essa.

Cos'è questa porta? A volte, può essere una grave malattia, un grave lutto, il salvarsi per miracolo da una strage o un cataclisma ecc. Si tratta, dunque, di un avvenimento doloroso perché è proprio il dolore, attualmente, la porta di accesso principale al risveglio in questa dimensione. Esso è lì per mostrarci la via, se non facciamo resistenza, è una grande opportunità per fare il salto quantico e svegliarsi.

Impariamo a stare nel dolore, che è uno strumento di pulizia. È bene osservarlo, accoglierlo e passarci attraverso. Oltrepassare la porta è la chiave, andare oltre quel dolore. Non attaccarsi a esso, alla porta.

Quali sono, allora, i segni inconfondibili dell'incontro con la fiamma gemella e come percepire la via dell'unione? Perché sì, tutti in principio, da quell'iniziale abbandono inspiegabile, vorrebbero riavere almeno un'amicizia con la propria fiamma, ma non ci riescono. Spesso, si ha una relazione conflittuale o il nulla cosmico (che da un lato, in un primo momento, appare come la migliore opzione). Alcuni si intestardiscono sulla relazione, sull'amore, altri ancora, oltre alle dipendenze affettive, hanno anche quelle sessuali. Insomma, tutto "nasce" dalle dipendenze dell'ego, non dalla reale relazione con la fiamma. Anche se relazione non vi è, perché sei tu la tua fiamma gemella.

Premesso ciò, in questo libro ti spiegherò come ottenere l'unione tanto desiderata, ma anche come uscire vincente da tutta questa situazione. Ti spiegherò come bloccare il meccanismo di rincorsa, fuga e dipendenza e ti rivelerò cosa è esattamente l'incontro con la fiamma gemella e perché è successo proprio a te.

Una volta appreso questo processo, tutta la tua *famiglia animica* si riunirà intorno a te, attratta dal tuo fuoco, dal calore della tua casa. Tornerai finalmente alla tua Itaca, come Ulisse, dopo un lungo ed estenuante viaggio.

So che hai provato a capire cosa stesse succedendo, perché la legge di attrazione non funzionasse con la fiamma, perché non funzionassero le visualizzazioni, la manifestazione, le pulizie di *karma*, o risanare la tua infanzia. E, nonostante tu abbia riflettuto su tutte le possibili letture di tarocchi – anche se prima non li avevi mai guardati in vita tua –, non hai ancora capito cosa ti sia accaduto. Tranne il trovarti in uno stato di un grande frastorno, circondata da coach che, spesso, trattano il tema delle fiamme gemelle come se fossero anime gemelle e che ti lasciano in preda alle dipendenze, sfruttando inconsapevolmente la tua fragilità per vendere soluzioni di scarso valore. Perché di scarso valore? Perché sai benissimo che con quelle soluzioni non hai ottenuto nulla. Altrimenti non saresti qui a leggere il mio libro. E credimi, finalmente sei arrivata nel posto giusto.

Congratulazioni! Seguimi, ti porterò finalmente a casa.

QUALI SONO I SEGNI CHE HAI INCONTRATO LA TUA FIAMMA GEMELLA E COME CAPIRE CHE SEI IN UN PERCORSO DI RISVEGLIO SPIRITUALE?

Cosa succede allora? Se la tua fiamma gemella non è un narcisista, non è un'anima gemella, non è un amante, non è un amico/a, non è un nemico/a, cosa diamine è allora?

SEI TU. La tua fiamma gemella sei tu. Non vuoi attrarre qualcun altro a te, ma te stessa a te stessa.

Se fosse un'altra anima o un'anima gemella e non fossi tu, la legge di attrazione che vendono i coach *new age* funzionerebbe, così come funziona tutto il processo per trovare un lavoro migliore o comprare la casa e la macchina che vuoi.

È vero che siamo tutti connessi, ma quella persona è la tua anima, che ha un'altra esperienza nello stesso spazio-tempo. E quando inizi ad approcciare la relazione da un punto di vista mentale e duale, proiettando fuori la persona e cercando di raggiungerla fuori di te, è il momento esatto in cui percepisci l'abbandono, il momento in cui ha luogo la separazione, perché la tua fiamma ti mostra la dualità che è dentro te, la tua separazione dall'anima. Ti mostra, cioè, la tua identificazione con la mente duale e con il piccolo ego o corpo di dolore.

Quando cerchi di raggiungere a tutti i costi la fiamma, utilizzando tecniche di ogni tipo, la allontani di più. Ciò che devi fare non è focalizzarti sul "fuori", sul mondo esterno, ma "essere". Tu sei coscienza, consapevolezza, sei già la tua fiamma gemella, non sei in separazione. No, non lo sei. Ma è la mente che è capace solamente di vedere un'altra persona.

Tu sei già la tua fiamma gemella, non c'è separazione. Quindi l'unica cosa che ci sarebbe veramente bisogno di dire se tutte le fiamme gemelle (divino femminile, lato consapevole) accettassero questa verità e decidessero di non identificarsi più con la mente, ma di essere solo anima, è che hai riconosciuto la tua fiamma gemella solo perché sei pronta a fare questo grande salto. Finalmente ti sei risvegliata. Abbraccia il cammino all'ascensione spirituale e l'unione fisica con la tua fiamma sarà l'effetto, la conseguenza di tutto questo. L'unione con la tua fiamma *non deve* mai essere l'obiettivo del tuo percorso, perché lo è già, sei tu che non lo vedi perché la dipendenza dalla manifestazione fisica della fiamma gemella è la dipendenza dalla mente duale.

L'obiettivo del tuo percorso *deve* essere il *risveglio spirituale* e l'*ascensione spirituale*. Così, la tua anima si manifesterà sempre di più nella tua vita. E chi è la tua anima?

La fiamma gemella è la porta d'oro alla tua anima per uscire dalla caverna di Platone e toglierti dagli occhi il velo di Maya. La fiamma gemella ti permette di vedere la *Matrix* mentale, emotiva e biologica che stai inconsapevolmente nutrendo.

Lascia andare tutti i tuoi attaccamenti alla persona e abbraccia la tua ascensione spirituale. Così, e solo così, se la vorrai ancora, avrai finalmente l'unione fisica in questo mondo duale con fiamma.

Ti racconto qualcosa su di me: un giorno ho incontrato una persona, che non mi stava particolarmente simpatica. Passato un po' di tempo, l'ho rivista, ed era come se in quel momento percepissi qualcosa in più accanto a lei. Non so descriverlo razionalmente e a parole, ma so che, se stai ancora leggendo, è perché *sai* esattamente cosa voglio dirti.

Un giorno decisi di incontrarla e confrontarmi apertamente su questa cosa. L'energia che sentivo era molto potente, quindi, mi feci coraggio. Volevo semplicemente capire se le percezioni fossero le stesse anche da parte sua.

Questa fu per me l'esperienza più enigmatica e magica della mia vita... Quella persona mi confermò di provare lo stesso e di sentirsi stranamente a casa con me. Ricordo queste esatte parole, che ho sentito più volte pronunciare ai miei studenti di corso, vale a dire il "sentirsi a casa", l'avvertire di essere come qualcosa in più di un familiare stretto. Dopo quell'incontro iniziai a provare un amore incredibile, e non è stato affatto graduale, fu un istante. Un istante in cui percepii, tra l'altro, il mio *chakra* "cuore" prendere letteralmente fuoco.

A quel punto, per lui era come se tutto questo non fosse accaduto, lo aveva completamente cancellato. Era glaciale nei miei confronti, sminuiva l'accaduto, anzi, non voleva nemmeno parlarne.

Disperazione. Ho iniziato a stare male, malissimo, ad avere per ore pensieri ossessivi, senza poter fare nient'altro che non fosse pensare a questa persona. Tutto ciò è durato almeno sei mesi e la situazione si ripete identica per tutte le fiamme. Può capitare che alcune persone stiano per una vita in questo stato. La storia, infatti, segue sempre lo stesso copione per tutti, con piccole variazioni di durata della bolla d'amore o delle modalità di abbandono.

O, almeno, questo è quello che ho sentito raccontare alle persone che ho conosciuto e che hanno avuto la fortuna di avermi come coach. Parlo di fortuna non perché io sia presuntuosa, ma perché la scelta del coach è fondamentale: avere a che fare con chi *crede* di darti un percorso di aiuto per fiamme gemelle, ma non lo fa veramente perché di fiamme gemelle non si tratta, fa sprofondare ancora di più nel baratro, più di quanto non lo si è già.

Si badi bene, non dico che tutto ciò venga fatto di proposito. Solo che, magari, alcuni, tendono a darsi un'etichetta *new age*, quella di fiamme gemelle, quando in realtà sono anime gemelle e di quello che sta vivendo chi si rivolge a loro non hanno capito niente. Credono realmente di aiutarti, lo fanno a fin di bene. Più avanti ti spiegherò meglio cosa intendo perché è uno dei motivi principali per cui ho deciso di fare il coach, creare il mio corso e scrivere questo libro. Voglio veramente aiutarti, non voglio lasciarti solo in questo percorso che risulta essere per tutti la sfida più difficile della vita, e che in effetti lo è.

Cosa ti accade realmente nel periodo in cui, dopo il rifiuto, stai male e senti il bisogno e l'attaccamento verso la persona che ti ha abbandonato? Perché se praticamente non c'è stato niente, c'è tutto questo dolore e questa necessità?

A un primo sguardo avviene che le fiamme abbondonate non riescano a fare cose basiche come mangiare e lavarsi i denti. Così come non riescono a fermare i pensieri ossessivi, testimoniano i miei studenti. È qualcosa di veramente insano, perché tutto questo non succede a una persona nemmeno quando viene lasciata dopo una relazione vera e intensa di anni.

Inoltre, non si può avere nessun confronto logico-razionale con la propria fiamma gemella perché, questa, non lascia spazio al confronto.

In seconda analisi, posso dire che quello che realmente accade è la rottura dell'identificazione con il piccolo ego, in modo da lasciare spazio all'anima.

Grazie a Dio, tutto questo per me finì quando trovai la soluzione e la formula per aiutare me e le altre fiamme.

Lo abbiamo già detto e lo ribadiamo: tutta la letteratura circa le fiamme gemelle, su internet e non, è d'accordo sul fatto che abbiamo due differenti corpi, ma la stessa anima.

Ecco che allora l'anima mi salvò e mi guidò alla verità. L'universo vuole che io vada verso l'ascensione spirituale e il vero risveglio spirituale, che significa il distacco e lasciare andare il bisogno e le aspettative che si hanno verso la persona fisica.

Infatti, tutte le volte che si hanno delle aspettative nei confronti di una relazione o una persona, quella si allontana sempre di più da te. E possono esserci dei continui tira e molla nella relazione di fiamme proprio per questo motivo. Il nulla cosmico, il rifiuto o questo costante *push* e *pull* nella relazione è, poi, ciò che crea tanto dolore nelle fiamme. A molte, infatti, viene negata anche la semplice amicizia e l'unico trattamento riservatogli è l'indifferenza. Altre vengono addirittura bloccate perché hanno una grande dipendenza o più dipendenze che si riflettono sulla fiamma gemella, seguendo proprio la legge dello specchio inverso.

Tutto questo non avviene perché l'altro è un narcisista o un manipolatore, come in un primo momento si può credere e come in tanti continuano a sostenere per darsi una spiegazione razionale a questo tipo di comportamento, ma perché, come ho già detto, una spiegazione razionale vera e propria non c'è e il loro compito è mostrare a te stesso l'energia che è in te, dipendente e duale.

In questo manuale, e nel mio corso in generale, ma anche con tutti gli studenti cerco sempre di avere un approccio più logico possibile, anche se, quando si parla di anima, per ovvie ragioni sconfiniamo in qualcosa di molto più vasto della mente razionale.

Quando si cambia il focus e si decide che questo percorso è esclusivamente la propria ascensione spirituale, lasciando completamente andare qualsiasi attaccamento alla persona, non è altro che la fiamma che torna nella tua vita in unione, ma torna inconsapevolmente, dandoti scuse logico-razionali banali a cui non si darà il minimo peso o si farà finta di darglielo.

Tu in realtà sai che torna perché hai cambiato la tua energia interiore e la tua fiamma gemella è automaticamente attratta da questo. Il vero, verissimo, segreto è molto più facile di quanto si pensi: non c'è da fare nessun percorso, non si ha da superare nessuno stage (le famose fasi delle fiamme gemelle), né da risanare la propria infanzia, non si deve incontrare in astrale la propria fiamma gemella, non si devono mandare messaggi telepatici né visualizzare o trovare la propria missione di vita o, peggio ancora, la vostra missione di vita insieme. Niente di tutto questo per cui magari hai pagato fior di quattrini. La formula segreta, che con me e tutti i miei studenti ha funzionato, è sapere che la manifestazione fisica della propria fiamma è un'illusione ottica. Realmente non esiste. È parte della *Matrix* duale in cui siamo immersi.

In realtà voi siete uno. Non c'è separazione. La separazione ti mostra la dipendenza dalla mente duale, la tua identificazione con la mente duale.

Questo, io posso spiegartelo a parole, ma in realtà sei tu che devi arrivare a sentirlo, a percepirlo, non a capirlo.

Ho avuto la fortuna di sperimentarlo in prima persona e di avere anche una forte percezione a riguardo. Ho ricevuto proprio un chiaro messaggio dall'anima in uno dei miei sogni lucidi. Da questo deriva il mio desiderio di dedicarmi alle persone e mettermi al servizio del loro risveglio spirituale, in modo da non lasciarli soli nella *dark night of the soul*. Per realizzare tutto ciò, ho creato un corso di soli 2:22 minuti, diviso in undici capitoli e ho deciso di scrivere questo libro. Per me, è importante che questo messaggio si diffonda a un numero sempre maggiore di persone che si stanno risvegliando.

Bisogna che tu capisca che tutto quello che stai cercando di fare adesso per stare con la tua fiamma è inutile, devi solo lasciare andare, distaccarti e disintossicarti. Ripeterò spesso questo concetto, perché solo così potrai "avere" la tua anima. Come dice uno dei miei autori preferiti in questo genere (e dice bene), è un paradosso, lo riconosco.

Kurt, di *New world all stars* è uno dei pochi coach al mondo che mi sento di consigliare in questo campo. Perché è l'unico che, come me, ha intuito che si tratta solo e soltanto di risveglio spirituale. Lui tratta il tema in inglese, perché è americano, e lo fa in un modo rigoroso e scientifico e, a parer mio, molto, molto divertente e piacevole. Il vantaggio del mio metodo, però, è che è in italiano e si basa su un qualcosa di "pratico": sull'intuizione che ho avuto da questo sogno lucido.

La fiamma gemella è un'illusione ottica: abbraccia il tuo risveglio spirituale e rendilo il tuo unico obiettivo, dopodiché sarai libero.

All'origine di tutto c'è la pura coscienza, amore, puro amore, uno. Senza cognizione. A un certo punto ci siamo sentiti di sperimentare e avere coscienza di ciò che realmente fosse amore.

Come faccio a essere consapevole

di cosa è amore, se non so cos'è il non amore? Ecco che ho deciso di iniziare a sperimentare la dualità: positivo-negativo, alto-basso; passato-futuro; amore- odio; stare bene-stare male. Il vero amore è l'assoluto, il puro amore.

Prima del Big Bang c'era l'assoluto, la singolarità. Non l'opposto, non la dualità del mondo fisico. E tu stai di nuovo sperimentando l'uno.

Ecco, allora, dopo questa premessa, ti spiego quali sono i veri sintomi del risveglio e/o dell'aver incontrato la tua fiamma gemella:

• Pensieri ossessivi, che non puoi fermare. Non puoi smettere di pensare in modo costante alla persona che pensi sia la tua fiamma. Quando la incontri si verifica, infatti, una attivazione. La tua anima dice che è arrivato il momento e la tua fiamma gemella non è che un'altra incarnazione della tua anima. Realmente, non c'è "un altro". Noi siamo il lato consapevole di cosa sta succedendo, mentre l'altra incarnazione (quella che in un primo momento ti abbandona) è il lato inconsapevole. Tu, che stai leggendo e che cerchi di capire cosa sta succedendo, sei la parte consapevole, sei la persona che non può smettere di pensare. E non potrai smettere di farlo fino a quando non ti renderai conto che, in realtà, non sei tu, ma la tua mente che ha questi pensieri. Tu sei anima, l'osservatore dei tuoi pensieri.

• Il risveglio della *kundalini*: senti questa energia che sale. È piacevole, molto piacevole. L'anima e la coscienza sono la vera risorsa della mente. Con la meditazione e la presenza, togli la benzina alla mente e inizi a inviarla all'anima, aumentano le connessioni sottili con essa. Non *hai* un'anima, tu *sei* un'anima. Smetti di dare energia in modo inconsapevole alla mente e ti porti in modo consapevole nel momento presente.

• Profonda percezione della realtà: c'è come una conoscenza, un'intuizione, una percezione che ti dice che quella è la tua fiamma, mentre la mente dubita.

• Alti e bassi emozionali, che a volte avvengono senza nessun motivo. A mano a mano che ti identifichi con l'anima, tutto ha più senso a un livello più profondo e, a questo punto, i pensieri ossessivi se ne sono andati. La tua fiamma gemella fa da catalizzatore al tuo risveglio spirituale, ma altre persone ne hanno differenti tipi. Come già detto, non tutti hanno un risveglio spirituale dovuta all'incontro con la fiamma gemella. Ma te ne parlerò in dettaglio più avanti. Gli alti e bassi fanno parte della morte del piccolo ego, dell'ego che si identifica con la mente. Non devi fare resistenza, ma lasciare fluire queste emozioni, togliendo il focus da esse.

• Pace interiore: sperimentare l'assenza dei pensieri e la percezione del *nirvana*, della pace interiore e dell'uno.

• È, in definitiva, la cosa più pazza e assurda che ti sia successa nella vita, ma non puoi capirlo, l'anima non può essere capita, come il risveglio spirituale non può essere spiegato. Lo puoi solo vivere.

Fare un lavoro energetico o cercare di risanare la propria infanzia o, ancora, andare in terapia dallo psicologo non servirà alla relazione con la tua fiamma gemella

Tu stai sperimentando la coscienza, la consapevolezza. L'anima è l'osservatore del corpo mentale. Non si tratta di fare *new age* né psicologia o lavoro energetico, perché tutto questo non riguarda l'anima.

Devi praticare il distacco e il trascendentalismo, devi sperimentare l'anima. Non è una missione e, se anche lo fosse, non devi essere in unione con la tua fiamma per compierla perché tutto questo è *new age*, è mentale, è concettuale. Ciò significa che, chi ti sta istruendo, lo fa come se tu e l'altro foste anime gemelle, come se dovessi fare del lavoro psicologico o avere un sistema di credenze riguardo alla fiamma. L'anima è ciò che sei, mentre hai una mente e un corpo.

Come fare allora? Quali sono le abitudini giornaliere per essere sempre allineati con la propria anima?

Rallentare è fondamentale: le cose non devono essere fatte "adesso", come dice l'ego. Se si vive incentrandosi sull'ego si pensa di aver bisogno di tutte queste cose per sentirsi completi. Tuttavia, ciò di cui si ha bisogno è di tempo per sperimentare l'esistenza e di non essere sempre occupato a fare, incontrare amici, uscire, viaggiare ecc...

Rallentare e meditare, fare dell'essere presente in quel dato momento il proprio stile di vita, cercare di non vivere attraverso la coscienza di separazione, del fare-fare-fare.

Tutto ciò non significa cercare di fermare la mente, ma accogliere questi pensieri e provare a spostare il focus sulla presenza nel momento. Mi spiego meglio: se non c'è un motivo particolare per il quale tu debba pensare a qualcosa, cerca di stare nel "qui e ora", e se i pensieri appaiono, lasciali essere parte della tua presenza.

È importante una buona qualità di riposo: vai a letto alla stessa ora e alzati alla stessa ora. Dormire bene è fondamentale tanto quanto mangiare bene e avere una buona dieta. Ciò non significa essere necessariamente vegetariano o vegano, ma avere un'alimentazione equilibrata e sana.

È essenziale che la tua intenzione non sia quella di stare con la tua fiamma gemella, ma abbracciare il tuo risveglio spirituale. Con questo intendo non avere preferenze e stare nella presenza, vivere la tua vita felicemente e in ascensione, senza più avere il minimo pensiero rivolto verso la fiamma gemella.

La maggior parte delle fiamme gemelle non ama che gli si dica questo, vale a dire, che devono distaccarsi e disintossicarsi, ma questo è l'unica via che si ha. Molti non te la indicano perché gli fa comodo che tu mantenga le tue dipendenze, perché in questo modo sarai un loro cliente in eterno. Dunque, non è nei loro pensieri "liberarti". Se non ci credi, prova qualsiasi altro sistema, ma vedrai che non sarà efficace e tornerai a intraprendere questa via.

Non puoi realmente stare con la tua fiamma gemella, ripeto, *tu sei la tua fiamma gemella*.

Quindi, se quello che cerchi è un amore romantico, scegli un'anima gemella piuttosto: ti troverai meglio e ti sentirai meglio. Non devi sentirti in colpa o sbagliato per questo. Sappi che, una volta che ti sarai liberato/a dalle dipendenze, potrai scegliere ciò che realmente vuoi.

Sai cosa dicono in psicologia? La persona che ha delle dipendenze non ha il libero arbitrio, perché la dipendenza non gli dà la libertà di scelta.

Immagina di dover accompagnare a scuola tuo figlio, ma hai dipendenza dalle droghe e la tua priorità è avere una dose. Cosa farai?

Sicuramente, in altre condizioni, sceglieresti tuo figlio, ma in quel momento non puoi, perché la dipendenza ti acceca. Quando finalmente sarai libero/a da esse, e quindi dalla mente duale, ti sentirai in unione.

Cosa significa allora "essere in unione con la fiamma gemella"?

È sentire che stai da solo, ma loro sono fisicamente lì con te. E allora avverti questo grande senso di pace interiore.

La maggior parte dei coach su internet ti dirà che dovrai fare-fare-fare e, allo stesso tempo, che dovrai distaccarti da tutto questo vortice di cose. Il vero percorso di risveglio spirituale, però, è *essere*, non *fare*. Tieni bene in mente questo concetto.

Voglio che la mia intenzione sia chiara: la cosa fondamentale è il risveglio spirituale e non l'unione fisica con la fiamma gemella.

Sai che l'unione con la fiamma è realmente l'ultimo dei tuoi problemi? Quello che sarai in grado di percepire è veramente niente a confronto. La tua vita cambierà completamente. Sarà molto più felice e appagante di quella che vivevi (anzi morivi) prima, prima di vivere. Sembra che stia scrivendo male, lo riconosco, ma non vi è ancora un linguaggio in grado di farti *esperenziare* e comunicare la 5D. Perciò, ne uso uno mio, sapendo che, essendo tu parte della mia famiglia animica, non farai fatica a comprendermi.

Perché ti è successo? Perché l'umanità sta attraversando un periodo di risveglio spirituale. Molte persone si risvegliano.

Risveglio significa allinearsi con l'anima e non con la mente. Dovrai dire a te stesso/a: questo è il mio risveglio spirituale e nient'altro, e provare a trovare la tua libertà dentro di te. La fiamma gemella è un'illusione ottica in 3D.

È chiaro che è un cambiamento enorme e permanente, dove è fondamentale lasciare andare tutte le condizioni legate all'ossessione sulle fiamme gemelle, la manifestazione, il karma, la purificazione ecc. Come già precisato non avrai più bisogno di sistemare la mente, perché non ti identificherai più con essa, il corpo di dolore, ma con l'anima.

Ci tengo a dire che è bene tu faccia delle terapie olistiche o psicologiche, o quello che più ti piace, se è quello che desideri, perché sono tutte terapie molto valide. C'è bisogno, però, di un'accortezza: e cioè che tu le faccia rivolte a te stesso, non per ottenere una relazione con la tua fiamma gemella. Perché se rivolte a capire o a cercare di stare con la fiamma gemella, non hanno nessun effetto al riguardo, se non quello di allontanarla ancora di più.

NARCISISTA, ANIMA GEMELLA O FIAMMA GEMELLA?

Chiariamo subito che le relazioni sono a intermittenza, diciamo un *push-pull*. Di solito, quello che in gergo viene definito il "divino femminile" fa *push* e il "divino maschile" fa *pull*. Quest'ultimo, in letteratura, è conosciuto come il *runner*, cioè colui che scappa e che in qualche modo agli occhi della nostra mente sembra essere il cattivo, quello che tradisce il nostro amore e la nostra fiducia. In pratica, tu che stai leggendo sei il divino femminile, la parte consapevole e cosciente della tua anima; l'altro polo non indaga e non legge nulla in merito a questo argomento.

Ad alcuni, il maschile o polo negativo subcosciente (che in questa dimensione non ha niente a che vedere con il maschile o femminile biologico, quindi può essere sia un uomo che una donna) può sembrare spietato perché la dipendenza verso di esso continua, così come si continua a guardare questa persona con gli occhi della mente, e perciò la si giudica, non sapendo che, in realtà, così, si sta giudicando sé stessi. Una tale dinamica, nel rapporto con un narcisista, è creata per mettere in gabbia – intenzionalmente o meno – la vittima. Nel caso del rapporto con la nostra fiamma gemella, che, come detto, è la nostra anima, questo rapporto si crea perché siamo la stessa anima e non ha niente a che vedere con la nostra personalità e con una patologia.

Siamo la stessa anima, ma siamo due menti e due corpi diversi. Il polo positivo, o divino femminile o *chaser*, è la figura che suole essere quello che sente e riconosce la fiamma, che ha la dipendenza e deve liberarsene. Il segno "meno", il divino maschile o *runner*, scappa finché noi non cambiamo la nostra visione e abbracciamo la nostra ascensione e il nostro risveglio spirituale. Scappa, quindi, dalla mente, fa crollare tutte le nostre certezze. E più noi rincorriamo la nostra dipendenza, più ci facciamo domande, più lo giudichiamo, pensando in maniera ossessiva a quella cosa. E ancora, più cerchiamo di ripararci, armonizzarci ecc., più il divino maschile scappa. Più crediamo di essere vittime e più lo saremo.

In *Avatar* i due protagonisti quando scoprono di amarsi, si dicono «ti vedo». Come nella fisica quantistica, niente dice che sono se non mi guardi... la particella non può esistere senza l'osservatore. Se mi guardi e mi accogli nel tuo campo visivo, senza che io ti sia funzionale, mi ami e ti amo.

L'amore 5D è quella cosa che tu sei da una parte, lui dall'altra e degli sconosciuti si accorgono che vi amate. Ossia l'*entanglement*.

Ma quello di cui parlo non è l'amore romantico, ma la *Matrix Divina*, di nuovo mondo e di anima. Vi parlo di *zen*, di *nirvana*, di *risveglio*.

Nella realtà materiale e duale che viviamo, non sono io a dirvi che il distacco e la disintossicazione sono fondamentali nella questione delle fiamme gemelle, ma soprattutto in ogni settore della nostra vita. Nei nostri obiettivi lavorativi, creativi, il distacco dal risultato è cruciale. Il nostro centro di gravità permanente è tutto. Ciò non ti impedisce di stare con la tua fiamma, anzi te lo permette in questo caso, perché quando sei libera da qualsiasi manifestazione, da qualsiasi attaccamento, e vai verso la tua ascensione e la tua realizzazione personale, tesa al servizio, è proprio quando tutto quello che volete si manifesta. E avviene solo quando non hai più nessun tipo di attaccamento. Attaccamento emotivo, sessuale, di potere o gioco di potere: di qualsiasi tipo sia questo legame, non resta che liberarsene.

Ti faccio un esempio che non riguarda le fiamme gemelle: se avessi un attaccamento di tipo professionale e ciò ti portasse al desiderio di salire di posizione nel tuo lavoro, e ne fossi ossessionata, oppure se fossi molto legata al fatto di avere un'immagine pubblica sempre impeccabile qualsiasi cosa la vivrai male.

Un altro esempio di questo lo fa Salvatore Brizzi quando dice che ci sono diversi modi di guadagnare e raggiungere la ricchezza. Tra i modi non positivi vi è l'essere un boss mafioso, ma non lo dice in senso moralistico o etico, semplicemente vuol farci notare che, quando si è mafiosi, è vero che si è ricchi e si ha potere, ma con quale spirito la si vive quella ricchezza? In balia della polizia, nascosto in un bunker, con l'ansia di un pareggio di conti e di essere ucciso? Che razza di ricchezza è questa? E soprattutto ti, e mi, chiedo: la vorresti? La vorrei? Assolutamente no.

Lo stesso possiamo dire della fiamma gemella e di qualsiasi relazione in cui si è dipendente e si sta sempre sull'attenti, in cui si ha paura che ci tradiscano e non si lascia in piena libertà la persona che sta con noi. Tutto questo è vivere una relazione da incubo. Una volta che ci si è distaccati e disintossicati, il tipo di relazione che si vuole intavolare con la propria fiamma a me non interessa, perché l'unica cosa che voglio, e che vuole l'universo, non è che voi stiate con la vostra fiamma gemella ma che andiate in ascensione, che portiate la vibrazione del nuovo mondo qui sulla Terra. Se invece vi concentrate solo sulla dipendenza e sulla dualità, o sulle strategie che servono a capire come conseguire o meno un obiettivo, si abbassano le vibrazioni a livello globale. Se l'unico compito delle fiamme gemelle è accompagnare la Terra verso vibrazioni più alte, nella dualità noi facciamo il lavoro contrario. La mia missione principale qui, dunque, non è che tu ottenga l'unione con la fiamma, ma che abbracci la tua ascensione spirituale, e l'unione sarà solo un effetto di questo tuo cambiamento energetico.

Come ben dice Kurt di *New world all stars*, tutto ciò è un paradosso. Lo abbiamo già detto e molte volte me lo sentirai ripetere, perché è una delle più grandi verità a cui puoi aggrapparti. Ti ricordo che sei in uno dei percorsi più difficili della tua vita e ti esorto a non mollare perché se l'anima ha detto che sei pronta, lo sei.

L'unica cosa che devi mollare sono i coach maghi di risposte su WhatsApp, i cartomanti e i guaritori sciamanici *new age* che utilizzi per ottenere l'unione. Non servono a nulla nel nostro livello di coscienza. Servono e sono utili a un altro livello di coscienza. Quindi, fammi questo favore, lascia andare tutto quel mondo, non ti appartiene. Prima lo farai, prima starai meglio.

A me non interessa chi sono le fiamme gemelle, non cosa ti ha fatto o non ti ha fatto la fiamma, né mi interessa la tua storia. Non lo dico per cattiveria, ma perché il copione 3D delle fiamme gemelle è sempre uguale, è sempre lo stesso, cambiano solo gli attori.

Voglio vedere un mondo migliore, voglio essere partecipe della creazione del nuovo mondo.

Se le vibrazioni della Terra aumentano, come sta avvenendo e come è previsto che accada sempre di più, se noi stiamo nell'energia duale e nella follia della separazione, il lato duale prenderà sempre più forza. Ma se noi stiamo nell'unione, nell'amore incondizionato, ma sempre con le nostre idee continuiamo ad accogliere le differenze e invitiamo a stare nel *satori*, nel *samadhi*, apporteremo giovamento alla Terra, al mondo a venire e a tutti gli esseri su questo pianeta.

Andrai verso una vita felice, sana, piena e ciò ti aiuterà a metterti al servizio del nuovo mondo, che si sta sempre più affacciando.

Le fiamme gemelle sono la stessa anima che si è incarnata in due corpi diversi, queste due anime si riconoscono, ma non ci sono fasi da passare, non credo che si debbano fare pratiche *new age* per ottenere le fiamme gemelle.

Credere che esse siano una sorta di anime gemelle potenziate non può fare altro che danni, ripeto. Le anime gemelle sono due anime che si incontrano e possono tranquillamente avere una storia d'amore su questo piano duale. Quando noi riconosciamo la fiamma gemella, invece, incontriamo ciò che è il nostro specchio e ciò che è il nostro esatto opposto sul piano duale.

Tutto quello che si fa su un piano razionale, olistico, *new age*, o qualsiasi pratica si attui sul piano mentale, fa sì che la fiamma gemella si allontani. Lo spiega bene a livello tecnico-scientifico Kurt di *New world all stars* quando mostra che le fiamme funzionano in questo mondo duale come un magnete e che, appunto elevando la tua percezione e andando verso il risveglio spirituale, inizi a sentire l'unione, perchè a livello animico siamo la stessa cosa, non vi è separazione.

Mentre se la nostra percezione resta a livello astrale, mentale biologio le fiamme gemelle sono e funzionano esattamente come se fossero un magnete. Il lato positivo, siete voi che state leggendo ed il lato negativo di quello stesso magnete è la vostra fiamma gemella. Per cui sul livello mentale, astrale, biologico, proiettate la vostra fiamma fuori di voi, e la allontanate. Perchè polo positivo viaggia verso il negativo e attiva il meccanismo push-pull.

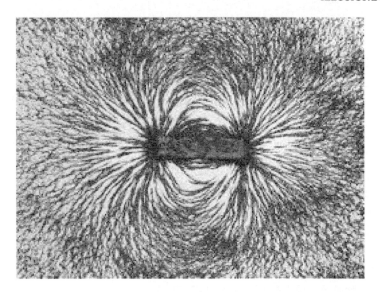

L'unico modo per avere una relazione pacifica è finalmente capire che quella persona là fuori sei tu. Anima si è sdoppiata in due corpi in questa incarnazione

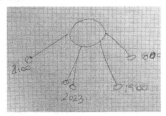

So che è un messaggio scioccante e mi immagino che alcuni di voi potranno anche pensare che sia una follia. Guardate, sarò anche folle e pazza, e non lo nego, ma non credo di essere più folle

e pazza di chi scrive libri su strategie per conquistare uomini o suggerisce come rispondere su WhatsApp.

Detto ciò, che comunque resta una mia opinione, tanto quanto lo è che io creda che chiunque sia utile su questa Terra, proseguo con la mia teoria che, tra l'altro, è pienamente condivisa da chi si occupa di questo tema.

Infatti, almeno su un punto siamo tutti d'accordo: le fiamme gemelle sono una stessa anima con due corpi. Purtroppo molti ti dicono di fare questo e quello onpassare le fasi di separazione, per poi finalmente arrivare all'unione. In realtà non devi fare ma *essere*. Il che significa "completo distacco".

Vi è un fraintendimento nel voler conquistare la fiamma perché si rischia di restare intrappolati nella dipendenza non volendo vedere dove l'anima vi sta guidando. Quindi, vi sconsiglio di fare qualsiasi tipo di manifestazione legato alla fiamma perché vi rende ancora più dipendenti dalla manifestazione fisica di essa. Chi è veramente una fiamma gemella se ne rende conto, prima o poime sa perfettamente di cosa parlo.

Vedo persone seguitissime su internet che parlano solo di strategie di WhatsApp o di *no contact* strategici da seguire per far capitolare il malcapitato o la malcapitata di turno. Tenetevi lontani anche da questi. Oltre che dai tarocchi, dalle filosofie new age e da qualsiasi pratica di manifestazione. Qui si tratta solo di *"essere"*.

In questo libro voglio portare il mio messaggio per l'unione e farvi conoscere questo metodo incredibile, mostrarvi, in una nuova chiave, l'arrivo del nuovo mondo. Una nuova vibrazione che si sta affacciando qui, proprio su questa Terra.

Prendiamo ad esempio le anime gemelle: possono avere una relazione, sono due entità energetiche separate che si incontrano sul piano duale. Quando invece si incontra la propria fiamma gemella, si incontra il nostro specchio inverso, cioè l'esatto polo opposto su questo piano. Tutto quello che si fa qui, in piano *new age*, per avvicinarsi da un punto di vista duale la allontana, perché la si proietta al di fuori.

Quando ci risvegliamo perché abbiamo il riconoscimento animico, successivamente, a mano a mano che diventiamo consapevoli e le connessioni sottili con l'anima si fortificano, il fuoco di risveglio alchemico ci porterà sempre più vicino alla nostra famiglia animica e allontanerà ciò che non lo è. E non potremo far niente in proposito. La fase che dagli alchimisti viene chiamata *nigredo* è quella nella quale si disintegra il piccolo ego.

L'identificazione con il piccolo ego si perde per lasciare spazio a qualcosa di molto più grande, che è l'anima. A questo punto è importante fare tre cose: guardare il film *Samadhi*, che permette di percepire cosa realmente ci sta accadendo; iniziare a sentire la voce dell'anima che lascia spazio all'anima; essere centrati, vale a dire, avere quello che Salvatore Brizzi chiama il "nostro centro di gravità permanente". Se in tale fase non si è ben centrati, si potrebbe cadere nell'abisso delle emozioni che vengono scoperchiate con la distruzione del piccolo ego. La mia missione è, allora, quella di portarvi sulla via del risveglio spirituale puro, allontanandovi dall'inferno delle montagne russe emotive dell'ego e dei suoi bisogni. È cruciale che scegliate la via corretta con un grande atto di volontà perché, questa, è veramente l'unica via possibile. Uno dei consigli che do ai miei studenti è di "stare nel momento presente", di programmarsi almeno cinque minuti al giorno in cui stare nel qui e nell'ora, da osservatore. In una seconda fase si potrà applicare anche l'attenzione divisa, quindi lo stare presenti e centrati nel proprio cuore, ma allo stesso tempo l'ascoltare e l'essere presenti a quello che succede nel mondo esterno. Una volta che sarai diventata/o molto brava/o in questi esercizi di ricorso del sé, si potrà iniziare a fare anche la meditazione, che a differenza di altri coach consiglio solo in un secondo momento, quello in cui si sarà fatto dello stare nel qui e nell'ora il proprio stile di vita.

Quale sarà il primo passo da muovere, quindi? Dovrò, per esempio, ascoltare consapevolmente una persona che mi parla e, allo stesso tempo, essere molto presente e centrata sul mio *chakra* cuore e percepire le mie sensazioni interiori a quel livello. In questo modo avrò attenzione divisa, ossia, potrò prestare attenzione a più cose contemporaneamente, e la userò quando accenderò la macchina, quando guiderò, quando seguirò una riunione, quando pulirò casa, in differenti stimoli e attività e sempre di più, in modo da creare legami sottili con l'anima, lasciandole sempre più spazio. Durante l'*albedo*, invece, cosa succede? In questa fase "sto nelle emozioni", sia quelle positive sia quelle negative. Quando sento quelle negative (odio, rabbia, gelosia, rancore) sono proiettata su di esse anche se fanno male, le accolgo, le sento e, facendo questo, da brava alchimista, trasformo il piombo in oro. Ed ecco infine la tanto desiderata *rubedo*, la fase di unione, quella in cui non ci si sente più separati dall'uno.

Dunque, a questo punto, ci chiediamo: cosa significa amore incondizionato o amore 5D? Di certo non è l'amore di cui si parla tanto su internet, quel sentimento in cui sembra che tu debba amare a prescindere, anche se – perdonatemi la franchezza – ti tirano mazzate e porgi l'altra guancia. L'amore incondizionato è, invece, la fase *rubedo*, dove tu sei un samurai, un guerriero spirituale, cioè ami il tuo nemico, è vero, ma combatti, eccome se lo fai! E durante questo processo sei completamente consapevole, perché segui l'anima e non gli alti e bassi del tuo piccolo ego frammentato. Ogni azione che compi sarà finalmente guidata dal padrone di casa, che è l'anima. In questa fase sei sveglio, non sei morto pur essendo in vita (se capite ciò che intendo), come fino a poco prima.

Mi spiego meglio: in ogni momento, ci stiamo sempre risvegliando, ma da quello nello specifico saremo completamente consapevoli del nostro risveglio spirituale e della nostra ascensione permanente. Ti dirò di più: da quel momento in poi cercheremo sempre di più, attraverso la forza di volontà, di non tornare indietro, di non ricadere nel meccanicismo della dualità. In questa fase si sperimenta l'amore delle fiamme gemelle. L'altro sparisce, tu sparisci e resta solo l'amore in mezzo. Non si ha più la percezione dell'altro e di noi stessi come qualcosa di distaccato.

Mi ricordo, a riguardo, l'esempio che fa Eckhart Tolle in una delle sue conferenze. Prendi un'onda del mare: essa ha coscienza di sé, si vede bella, più bella rispetto magari ad altre onde. Allora, orgogliosa, si fa un selfie. Poi un giorno inizia a percepire che c'è qualcosa di più grande che accomuna tutte le onde e che in realtà quelle onde non esistono perché fanno parte di qualcosa di molto più vasto, della stessa cosa, l'oceano. Non sei più un'onda che sente l'oceano o ne ha percezione. Non ti senti più distinto, diviso, separato dagli altri e dal mondo esterno. Questa è l'unica via e l'unico modo: il risveglio spirituale, l'unica intenzione di stare in ascensione spirituale, e si ha quando la fiamma gemella si presenta nuovamente nella tua vita. Non smetterò mai di ripeterlo.

L'anima non darà mai una prova logico-razionale della sua esistenza. Ma tutto questo sarà un modo per verificare che tu, effettivamente, hai incontrato la tua fiamma gemella. Quando per te non farà nessuna differenza avere e non avere alcun tipo di relazione con la tua fiamma gemella, questa si ripresenterà nella tua vita e tu, e soltanto tu, deciderai – finalmente libera dai condizionamenti del piccolo ego – che tipo di relazione avere. Non ci sono strategie, non ci sono formule magiche, non esistono *no contact* e leggi di attrazione da quattro soldi. L'unico modo è che dimostriate all'universo, che non si può ingannare, che stiate andando in ascensione per mezzo della forza di volontà, in totale distacco e disintossicazione dalla manifestazione fisica della fiamma. Lo diciamo ancora una volta, la dipendenza emotiva dalla fiamma gemella ti mostra la dipendenza dalla tua mente duale, il tuo falso senso di identità.

Se questo per un periodo dovesse avvenire, è perfettamente normale. Non scoraggiarti e non fartene una colpa se la tua fiamma non dovesse tornare o se non dovessi riuscire a stare sempre in presenza, o a meditare o a vivere costantemente nel qui e nell'ora. Non è una gara. Così come non possiamo laurearci in un giorno, il risveglio spirituale richiede per ognuno dei tempi diversi, e dobbiamo abbracciare e accogliere tutto il tempo che ci serve, amarci anche se inciampiamo e ci rialziamo. Quando ci dicono che dobbiamo goderci il percorso è vero. Il viaggio del ritorno a casa deve essere assolutamente piacevole. E io sono qui per darti tanta forza, per sostenerti e accompagnarti. Ti ricordo infatti che le difficoltà non spariranno, ma saprai affrontarle in modo completamente diverso. Verrà un momento nella vita che non cresceremo più attraverso la porta del dolore, ma lo faremo attraverso quella della gioia e della gratitudine infinita.

IL BIG BANG DELLA TUA ENERGIA: COME RIEQUILIBRARSI E RICENTRARSI?

L'unico modo per riequilibrarsi è stare presenti nel qui e nell'ora almeno cinque minuti al giorno alla stessa ora, impostando magari una sveglia e poi, solo quando vi sentirete un po' meglio, iniziare a fare *mindfulness*.

L'universo mette sul tuo cammino solo ciò che sei in grado di gestire e che serve alla tua ascensione e l'incontro con la tua fiamma gemella provoca in te un'esplosione energetica che non si può paragonare a niente.

Esattamente, hai il risveglio della

kundalini, un'energia primordiale, la fonte di tutto.

Come dicevo prima, l'armonizzazione energetica con la tua fiamma non serve, così come non servono i tarocchi e le cartomanti, le letture dei registri o risanarsi, la terapia, che rappresentano solo un palliativo per il dolore fisico ed emotivo e possono, lo ripeto, essere controproducenti se fatte con l'obiettivo di trovare il modo di stare con la manifestazione fisica della propria fiamma.

L'incontro con la fiamma gemella è semplicemente il riflesso della propria ascensione spirituale e lo si può capire anche dall'esplosione energetica che si sta vivendo. Si avrà un periodo di grande dolore perché si sperimenterà quella che in gergo viene chiamata la "morte dell'ego", la già citata *dark night of the soul*". La sofferenza è dovuta esclusivamente alle resistenze dell'ego e della propria personalità.

Tu non sei i tuoi pensieri. Tu non sei

la tua personalità. Tu sei l'osservatore.

Quali sono gli step del risveglio spirituale?

Facciamo un passo indietro e ripetiamo che ogni porta è differente, che la nostra porta al risveglio spirituale può essere la fiamma gemella, una grave malattia, un incidente grave al quale si sopravvive oppure l'aver perso tutto. Lo stesso Ekchart Tolle si è risvegliato perché le sue circostanze di vita erano durissime e non ce l'ha fatta più a controllarle e a gestirle.

Nel mondo delle fiamme gemelle, si parla solo della porta, di come poter stare con la porta, si dicono frasi come «farò qualsiasi cosa per stare con la porta», «come posso raggiungere la porta?», «perché la porta si è comportata così?», «vada a quel paese quella porta!». Questo accade perché c'è bisogno di capire cosa fare con essa e qualsiasi domanda ci poniamo al riguardo è il motivo per cui "non stiamo con la porta", che serve solo ed esclusivamente come passaggio. È lì per farti risvegliare e basta.

Questa non è una via percorribile da tutti, se in questa vita non si è passati da un simile processo, non si ha accesso alla verità.

La coscienza di cui posso conoscere la verità è il mio sentirmi esistente.

Dimorando in questo senso di esistere, si può arrivare alla verità. Ma cos'è il senso di esistere? Proviamo a entrare in meditazione e far sparire per un attimo tutte le sensazioni fisiche, le sensazioni emotive e poi ciò che riguarda il mentale. Che cosa rimane di noi? Cosa siamo. Rimane solo una sensazione di esistere che non ha età.

Invecchiano il mio corpo e i miei pensieri, ma non la sensazione di esistere. La sensazione di essere vivo è sempre la stessa. Focalizzarci su di essa, sul ricordo di sé, è la chiave per la realizzazione della verità. Una volta entrata lì dentro, realizzo cosa sono, cosa è Dio e cosa è la coscienza. Domande, queste, che in un primo momento trovano una risposta in questa mia sensazione di esistere, la coscienza di sé. Successivamente, posso percepire la coscienza dell'assoluto, che viene definita *consapevolezza primaria*, ciò che nella fisica viene chiamato vuoto. Quel vuoto non è assenza di qualsiasi cosa, ma ha una sua struttura ben precisa. Dentro, vi è una consapevolezza primaria, che è ciò che noi veramente siamo: *Matrix Divina*.

Finché non le sperimenti non puoi capirle attraverso la mente. Una volta che ci sei dentro senti quello che sei, senti che ci sono vari livelli, perché li hai realizzati dentro di te. L'anima non può essere dimostrata, l'unico modo che ho di dimostrartelo è fare in modo che tu stesso la provi.

Il pensiero astratto e tutto l'astrale sono ancora nell'ordine della dualità. Mentre il pensiero contemplativo è un pensiero animico, che si trova in un ordine completamente diverso da quello materiale e permette un accesso diretto alla verità. La percezione del mondo attraverso questo tipo di pensiero contemplativo è ciò che realmente sta iniziando a vedersi in maniera diffusa in questo periodo storico, che è un risveglio eccezionale di una gran parte dell'umanità.

Se percepisci esclusivamente i pensieri della mente duale potremo solo essere in accordo o disaccordo con tutto quello che sta accadendo nel mondo. Pensi, magari, a un complotto, per cui si svuole schiavizzare l'umanità.

In realtà non è così, vi è semplicemente un'umanità che si sta risvegliando, che sta aprendo il cuore e sta entrando in uno stato non ordinario di coscienza.

Ritorniamo per un attimo sulla situazione con la fiamma gemella. Prova a vedere la situazione con gli occhi della mente duale. Penserai, allora, a quanto quella determinata persona si stia comportando male per questo o per l'altro motivo, a quanto l'amiate o avete bisogno di lei, oppure a quanto la odiate per quello che vi ha fatto (perché vi ha abbandonato, lasciato da soli in questo percorso, perché è un povero narcisista). O, ancora, a quanto vorreste tornarci insieme, o addirittura che, basta, non ne volete più saper niente, e così a cicli.

Ora ti chiedo: puoi usare altri occhi che non siano quelli della mente duale?

Se usi gli occhi con cui per un attimo hai riconosciuto in quella persona la tua fiamma gemella, cosa vedi? La verità.

Come si fa a sviluppare questo nuovo tipo di pensiero? Sviluppando l'attenzione sul presente.

La persona che riesce a fare questo diventa il vero sciamano, il vero guerriero spirituale, perché non solo riesce a trasmutare il piombo in oro, ma anche a destreggiarsi perfettamente su tutti i piani (materiale, astrale, spirituale).

Riusciremo veramente a vivere, quando, grazie all'apertura del cuore che ci permette la fiamma (la porta), ci innamoriamo della vita. E riusciremo a vedere la verità quando ci innamoreremo di essa. Serve un certo grado di presenza, attenzione e volontà per arrivare all'amore profondo.

Posso appassionarmi a qualcuno con l'apparato psico-fisico e posso conoscere il fisico, l'emotivo, il mentale, l'astrale di quella persona, ma non saprò mai chi è. L'innamoramento è un altro livello di coscienza. Ma l'amore vero è una conquista.

A volte abbiamo delle intuizioni che poi vengono mascherate dalla mente razionale e duale, e allora ci chiediamo: ma la fiamma esisterà davvero? È possibile che io l'abbia incontrata? E perché proprio a me?

La mente razionale, o mente

primitiva, deve giudicare e dubitare. La mente giudicante ci serve dal punto di vista della sopravvivenza, un tempo ci salvava la vita. Ora, quando l'intuizione arriva, spacca tutto, e si viene letteralmente attraversati da essa.

Una volta che si entra nell'anima (essere vivo, apertura del cuore e innamoramento) e nel sé (vuoto), si hanno già le risposte a tutte le domande.

Conosco Dio perché lo divento, non perché l'ho visto.

Conosco la fiamma, mi innamoro della fiamma, perché lo divento. Perché lo sono. Perché IO SONO.

Ecco altri esercizi che possiamo fare:

-Segnare tutto quello che mi acade nella giornata su un diario

-Auto-osservazione in diretta sulla vita: mentre mi succede qualcosa sono presente ·

-Auto-osservazione in diretta presenza: mentre osservo la mia paura, le mie emozioni, apro il cuore e mi ascolto.

-Sono io che glielo sto facendo dire, sono io che glielo sto facendo fare.

La verità è che il mondo è creato da me.

-Là fuori non c'è niente. È la proiezione di me. Crollano le paure e le ansie. Ciò che mi succederà dipende da me.

È la personalità che va svegliata, l'anima è già sveglia, noi dobbiamo creare un collegamento tra noi e l'anima. Per farlo dobbiamo svegliarci, l'apparato psico-fisico si deve risvegliare all'anima. Il guerriero deve sapere che è in guerra. Stiamo perdendo una battaglia perché non sappiamo di dover combattere, e il nemico non è l'élite planetaria. Siamo in disputa contro qualcosa che si trova dentro di noi: i nostri demoni interiori. Il conflitto è tra forze dell'ombra e forze della luce, è una guerra sottile, nella quale devo trasformarmi ed entrare in una percezione interiore per cui nessuno può farmi più niente. E questo si fa risvegliandosi alla propria anima.

È necessario stare nel momento presente, lo ripeterò all'infinito.

COSA È LA FIAMMA GEMELLA, COSA È L'ANIMA?

Eccoci al nostro nuovo capitolo dedicato al risveglio spirituale e alle fiamme gemelle. La fiamma gemella è l'anima, e l'anima è *zen*. Come coach di risveglio spirituale, sul mio canale Elisir77, nel mio corso, dedico tutta la formazione alle persone che, in qualche modo, si sono già risvegliate perché intuitivamente hanno riconosciuto la propria fiamma gemella. Quindi, hanno incontrato la fiamma gemella e hanno iniziato a vedere la realtà in un modo diverso, perciò stanno passando attraverso un periodo di sofferenza e attrito. Risvegliarsi, appunto, è come farsi i muscoli in palestra, si fa attrito e si prova dolore; per ora non ho visto nessuno risvegliarsi attraverso la porta della gioia. Il mio messaggio va a queste persone. Il risveglio spirituale non è detto che sia il concetto di *zen* che tutti pensiamo e che ci hanno trasmesso con la cultura *new age*.

Definiamo "risvegliata" quella persona che è perennemente in uno stato di bellezza. Se sei in uno stato di bellezza, ma non sei sempre gentile e in pace con tutti, allora lo sei nel tuo cuore ma non esternamente.

Il famoso stato di *nirvana* o di risveglio che hai idealizzato, in realtà, è tutto il contrario di questo, perché una persona che si risveglia realmente, o la maggior parte delle persone che lo fanno, sono quelle che lavorato su sé stesse, ma, paradossalmente, diventano meno accoglienti.

Personalmente, con il risveglio, sono diventata molto più secca, drastica, decisa, molto più centrata sulla mia vita. So chi è il destinatario del mio messaggio e chi voglio che non lo sia. Riesco anche a dare dritte, con parole dure se necessarie. La mia missione è arrivare direttamente all'anima senza passare per vie traverse. Nella vita, stranamente, quando non percepivo il mio cammino al risveglio, facevo il contrario, cioè mi tenevo per me cose che mi venivano da dire o da fare e continuavo a reprimermi.

Mi sono risvegliata senza desiderare di farlo perché credevo che il risveglio spettasse agli asceti.

Il *nirvana* lo associavo alle incarnazioni, non mi credevo pronta, preparata. Per cui, quando mi è capitato, è successo, punto e basta. Non l'ho cercato.

Il percorso di ascensione consapevole che si intraprende una volta avuto il riconoscimento, ha la caratteristica di richiedere – come per andare in palestra o per studiare – una grande forza di volontà.

L'anima con l'incontro ti ha dato una grande spinta, ora sei tu che devi scendere dall'auto e spingerla per fare il resto del percorso. Lo spiega bene Salvatore Brizzi: questo fuoco alchemico trasformativo arriva nel momento in cui lavori su te stesso, quando cerchi di vedere con altri occhi, quelli dell'anima, ciò che giudichi brutto e che ti capita nella vita. Quindi, apri il cuore, guarda le cose in maniera differente e cerca di carpirne solo la bellezza.

Non guardare le persone attraverso la maschera fisica e mentale, ma concentrati sulle loro anime. Vai oltre, grazie al fatto che è avvenuto questo risveglio spirituale.

Le fiamme gemelle sono persone che si sono già risvegliate perché hanno riconosciuto sé stesse in un'altra incarnazione, solo che in molte hanno confuso la notte col giorno, interpretando attraverso la cultura *new age* l'incontro come una relazione amorosa.

Quando avviene il risveglio spirituale si verifica veramente l'apertura al cuore, ci si comporta come un ubriaco che va in giro per questo mondo 3D con il cuore aperto e la mente aperta pur trovandosi in un mondo di sciacalli. E va bene così. Va bene così perché, in quel momento, vivi quel quell'incontro, probabilmente come amore, semplicemente perché provi amore per tutti e tutto: per questa vita, per questa incarnazione, per il risveglio, per la meraviglia del mondo che sveli. Allo stesso tempo, però, provi dolore perché l'ego non vuole morire. La sua visione ristretta, i limiti, le emozioni che sono lì sotto, vengono fuori a galla tutte insieme.

Il risveglio non è una cosa da tutti e non è necessariamente una cosa per cui tutti devono passare. Un'incarnazione, qui, in questo periodo – come dice anche Salvatore Brizzi – è già un regalo, un traguardo, perché comunque è un frangente storico favoloso, dove vi è possibilità di crescita esponenziale, di un risveglio unico. Contemporaneamente, dobbiamo renderci conto di cosa sta succedendo. Se ci si trova in un momento di riconoscimento animico, si è nel risveglio spirituale. Ciò significa che dobbiamo stare nel presente, fare gli esercizi di presenza e vedere tutta la ricchezza e quello che è fuori di noi, *dentro di noi*, non badare al periodo storico in cui siamo, ma crescere, crescere al massimo, per trasmettere il nostro messaggio. L'obiettivo è riconoscere di essere nel risveglio spirituale e focalizzarsi su di esso. Più sei focalizzato nel qui e nell'ora, come dice Eckhart Tolle, più viene fuori la tua missione. La tua, solo la tua. Perché non si sta parlando di un percorso di fiamme gemelle né di un percorso amoroso, non si sta parlando di relazioni tossiche né di amore incondizionato. Si sta parlando di risveglio spirituale solo tuo, perché sei la stessa anima di quella che vedi proiettata fuori. Quindi sei tu che ti stai risvegliando, che riconosci la famiglia animica, che riconosci te stesso fuori di te e vai verso l'unità.

L'unione animica avviene nel percepire il risveglio spirituale, nel percepire l'anima. Si concretizza nel momento in cui si inizia a percepire tutto quello che è fuori di noi come dentro di noi. È tutto una nostra proiezione, tutto un nostro sogno, è tutto una nostra *Matrix*. Io ne ho avuto certezza quando, ultimamente, ho fatto questo sogno lucido meraviglioso nel quale potevo trasformare qualsiasi circostanza. Quello che è fuori, in realtà è dentro di noi e noi lo modifichiamo a nostro piacimento. Così deve essere: accettare il mondo e le esperienze che si vivono per quello che sono, che arrivano nel movimento giusto al posto giusto, per agire nel modo giusto. Sei tu ad attrarre tutto questo, siamo noi ad attrarre tutto questo. Inutile inciampare in pensieri come: «Ah, ma la persona fuori mi ha fatto», «Ah, ma questo mondo matto è così», «Ah, ma noi nelle vite passate avevamo da risolvere questa cosa qui». No, non è così. Vi è solo il fuoco, il fuoco tremendo e il dolore della mente compulsiva che se ne sta andando. Finalmente, si diventa osservatore di questa mente, di queste emozioni e ci si accorge di non essere più colui che soffre per determinate emozioni e avvenimenti, ma di essere diventato l'osservatore, di essere anima. Tutto quello che ci capita lo abbiamo attratto a noi per uno specifico motivo.

Non si deve aver paura di tutte le cose terribili che accadono fuori né del mondo o delle sofferenze che vi sono, perché sono la nostra palestra. Questo passaggio nel riconoscere il nostro risveglio spirituale, ci conduce allo *zen*, che non è altro che uno stare bene al cento per cento col mondo, con sé stessi, con tutte le cose belle, brutte, medie, buone, alte, basse che ci capitano. Ci sarà un momento in cui si sentirà l'effetto campana, in cui si passerà dalla gioia più assoluta al buio più pietoso. Poi, a un certo punto, la campana inizia a smettere di suonare, di vibrare, e questi sbalzi diminuiscono e si raggiunge un "punto *zen*", chiamiamolo così. Si inizia a stare meglio. L'incontro con la fiamma gemella è il detonatore dell'oscillazione, delle montagne russe emotive. Se si vuole, si può decidere di restare in questa oscillazione, ma se si continua su questa linea si rischia di perdere tutto quello che viene dopo, che è il vero *zen*. Con questo, intendo che se si continua a stare sulle montagne russe, ad ascoltare le fantasie *new age* su come gestire la relazione con la fiamma o cose del genere, non si riuscirà a uscire dal limbo, si rimarrà nel caos delle emozioni e non si darà spazio all'anima; in definitiva, non ci si accorgerà di essersi risvegliati perché non lo si percepisce. Si resta nella mente, "nel mezzo del cammin di nostra vita", nella zona astrale, la quarta dimensione, senza avere mai accesso alla quinta.

Quando facciamo *reiki*, quando facciamo un lavoro sulle vite passate, quando facciamo yoga, stiamo sempre lavorando sul campo astrale e non sull'anima. Anima è uno, è unione, ed è l'osservatore di tutto questo.

Ti è stata data questa occasione meravigliosa, coglila, tutto il resto viene di conseguenza: la *mission*, la fiamma, l'abbondanza, la ricchezza e le idee meravigliose. Solo che bisogna compiere un ultimo passo: abbandonare le resistenze che permangono e gli ultimi attaccamenti. Guardate tutti i video di Salvatore Brizzi, quelli di Eckhart Tolle, leggete tutti i loro libri dedicati al risveglio animico. Fatevi una cultura sull'argomento e percepirete il cambiamento, lo *zen*. Vi sentirete altre persone, perché non vi è più identificazione con il proprio pensiero, con la propria mente e con tutto il percorso di vita che si è svolto fino a quel momento.

Questa è la mia visione su cosa è

anima, su cosa è lo stato di *zen*, l'incontro con la fiamma gemella e il risveglio spirituale, perciò, è inutile e doloroso mantenersi nel limbo.

L'anima è tutto quello che tu sei, non può essere capita. È quella che dà tutto il potere al resto. È amore, ma non quello passionale o che fa sentire le farfalle nello stomaco, non è l'amore romantico: tutto questo è mentale. L'anima è il vero amore, la pace, lo *zen*, il *satori*, il *nirvana*. La mente vuole qualcosa di empirico, capace di essere provato in qualche modo, però l'anima non può essere misurata, né provata empiricamente. L'anima è singolarità, per integrarsi ed esistere qui, su questo piano di dualità e opposti, deve polarizzarsi e diventare una dualità, e lo fa a livello astrale.

La mente vi confonde e vi porta a inseguire la persona fisica perché può concepire solo la dualità. Anche quando si crede di percepire a distanza o telepaticamente la persona non è reale, perché l'energia va solo da polo positivo a polo negativo, quindi da voi a loro e non viceversa. La mente sta solo giocando un brutto scherzo per far sì che si resti nella dualità.

Il corpo astrale, la mente, è esattamente il corpo di dolore. Quando si è arrivati al riconoscimento animico, il corpo astrale va in tilt e inizia a produrre e inviare energia, la quale cerca di raggiungere la fiamma gemella, polo negativo. Una tale attivazione di energia continua a fare pressione verso il polo negativo, allontanandolo. Ci si continua a identificare con la mente e il proprio piccolo ego. L'energia viene inviata inconsapevolmente verso la fiamma gemella che scappa, si allontana, percependo – a sua volta inconsapevolmente – questa energia.

Questo è il tuo risveglio spirituale. Tu sei la tua fiamma e stai già da sempre con la tua fiamma, non c'è separazione. C'è un'illusione di separazione.

Lascia andare la manifestazione fisica della persona e l'attaccamento, allineati con la tua anima e credi nel processo. Lascia stare tutto come è. Non farti domande.

• Controlla la tua energia.

• No romanticismo.

• No attrazione sessuale.

• No sentimenti.

• Non è una relazione normale, come quelle che hai avuto nella tua vita, ma una relazione *zen*.

• Mentre stai male non devi né parlare

con loro né vederli, se stai male per loro o pensi a loro è perché continui a spingerli via.

• Succede che la mente, quando non sente l'unione e non si identifica con l'unione (e quindi con l'anima), vuole compensare la separazione cercando la persona fisica e ottiene, invece, di allontanarla sempre di più.

Prima bisogna disintossicarsi, e quando finalmente si sente l'unione senza barare (perché non si può barare con l'universo), allora si deve lasciare che l'universo vi porti a stare insieme e, una volta che questo avviene secondo anima, si reintegra l'energia, ma a poco a poco, perché si è molto dipendenti e si potrebbe ricadere nel vortice della dualità della mente, nella trappola della dipendenza.

Voi siete loro, siete una cosa sola, siete la parte consapevole. Loro sono la porta inconsapevole, non si risvegliano, sarà una cosa più istintiva. Molte persone fanno l'errore di spiegarglielo in modo da poterli convincere. Non hanno compreso che, così, si ottiene l'opposto. L'unica cosa che si può fare è *essere*, cambiare dentro di sé la percezione di cosa si è, allinearsi con la propria anima e non con la mente, e per far sì che ciò avvenga bisogna abbracciare il proprio percorso di ascensione spirituale. All'universo non importa un fico secco che tu stia o meno con la tua fiamma, non gliene frega assolutamente niente di che tipo di relazione avrai con essa, e questo perché, in linguaggio universale, voi siete già unione, l'universo vuole solo che ti svegli, che alzi le tue vibrazioni, che tu vada in ascensione, che tu veda l'unione che già c'è. Quindi, dovrai allinearti con l'universo perché ne fai parte, perché ci vivi, e mettere da parte i tuoi capricci personali.

Se fai il bambino viziato, l'universo ti tratterà come tale e ti risponderà «no». Perché l'universo, come sai, è il tuo specchio e il tuo miglior educatore.

Ovviamente, alle persone non piace quello che dico, perché si comportano come dei bambini capricciosi, e fanno dello stare con la fiamma gemella il loro unico obiettivo ma ciò che importa è distaccarsi e disintossicarsi dalla fiamma gemella. Mettere intenzione e presenza nel qui e ora. La volontà deve andare verso l'ascensione. Disintossicarsi e ascendere.

Essere anima significa tornare a casa e ricordarsi di sé, tu credi di essere il tuo corpo di dolore, ma si tratta di disimparare ciò che fino a ora hai creduto di essere. Non devi guarire, non devi capire cosa fare con la fiamma gemella, ma devi *essere*. Iniziare a osservare i pensieri nella mente.

La presenza è la mia modalità prioritaria, la mia mente lavora nel sistema spazio-tempo, nel passato o futuro. Si può essere consapevolmente presenti nel passato? No. Si può esserlo nel futuro? No. Quando ci si trova nel momento presente si è nell'anima, se si è nel passato o nel futuro è attiva la "modalità mentale".

Sei nato in uno stato di presenza naturale inconsapevole e tornerai a uno stato di presenza, questa volta però consapevole di cosa sia la separazione, di cosa sia la dualità.

È necessario e indispensabile stare nel momento presente.

Ci troviamo in un periodo in cui la *mindfulness* è molto di moda, ma essa non è altro che uno stare nel momento presente.

Quando dico di dover imparare a stare nel momento presente, non lo dico perché faccia bene stare in esso, ma perché *esiste solo il momento presente*. Il fatto che ci siano un futuro e un passato è un'illusione mentale.

La mente o fa anticipazioni del futuro, e quindi si prova verso di esse ansia o euforia, oppure ricorda cose del passato, che fanno stare bene o male. Difficilmente è collegata con il presente e l'intuizione. Il terreno ideale per l'intuizione è la pace mentale, meno è attiva la mente, più arrivano intuizioni dall'alto.

Il futuro esiste veramente o no? Esiste in base al mio livello di consapevolezza, è già in potenza qui. Quindi, in potenza, il futuro esiste già per come sono fatto. Immaginiamolo come qualcosa in cui entriamo e che è già lì, ma in realtà non è vero. Cosa accadrà fra cinque minuti non esiste già. Queste pareti sembrano solide, ma non lo sono. Come saranno le pareti tra pochi minuti non viene scritto o detto da nessuna parte. Viviamo sempre sull'orlo di un abisso. Il futuro non è già lì. Non si può parlare di "esistenza del futuro".

Per questo, i motivazionisti dicono che il futuro sia estremamente plasmabile, perché non esiste, ma fino a quando non si sblocca a un certo livello di coscienza, si costruisce un futuro uguale al passato. Il futuro è un'esperienza della psicologia, di ciò che siamo adesso, un'esperienza della mente, è la *Matrix* mentale.

Ugualmente, anche il passato non esiste, è il ricordo del passato che è registrato nelle mie cellule, ciò che mi fa stare male o bene oggi.

Nella nostra mente c'è spazio solo per il futuro, e il passato e vive di questo. Per il presente non rimane niente ed è schiacciato da entrambi i tempi.

Con qualcosa che esiste dovremmo poter interagire, con il passato e il futuro non possiamo farlo, sono solo immagini nella testa.

A mano a mano che il nostro corpo si sveglia all'anima, dovremmo sentire una sensazione del presente che si allarga e del passato e futuro che si riducono, il presente prende tutto lo spazio.

Una volta entrati in questo stato di coscienza, di intuizione, di singolarità, viviamo la nostra vita normalmente. Siamo *nel* tempo, ma non siamo più *del* tempo. Usiamo il tempo, ma non gli apparteniamo più.

Si entra nel senso di libertà, scompare l'ansia di cosa si deve fare nella vita, che resta una domanda aperta. Perciò, credere nel passato e nel futuro è una follia.

Perché non riusciamo a vivere così? Perché ce lo dimentichiamo. Dovremmo, quindi, sforzarci di vivere nel qui e ora. Tutto questo proiettarsi nella follia del passato e del futuro danneggia sia il fisico che la psiche con la malattia. Perché, in questo modo, non si è mai presenti, non si è mai nel corpo. Il corpo esiste solo adesso e ti àncora qui, è la mente che vaga. Aiuta a fare gli esercizi di presenza, tornare al corpo e tornare qui. La *Matrix* mentale è una griglia spazio-temporale e quando si è lì dentro la mente è collegata a questa griglia. Di fatto, ci si trova in uno stato di assenza di tempo ma si userà il tempo, ci si identifica con l'anima ma si continuerà a usare la mente.

Sono passata da esperienze difficili nella mia vita a lavorare su di me circa quindici anni fa. Poi, a un certo punto, il risveglio spirituale è arrivato, ho notato una porta che prima non riuscivo a vedere perché ero troppo presa dalla mia sofferenza.

Il tuo problema sembra il più grande dell'universo e ciò non ti fa stare attento alle vie di uscita che ci sono già, che sono sempre state lì. Quello che è successo a me è che a un certo punto l'ho vista, ho visto la porta, che nel nostro caso è la fiamma gemella. È stato così per me e lo sarà per tutti voi, è così per tutti i personaggi che si risvegliano, basta andare a leggere le loro biografie. La molla è la sofferenza, a volte non vi è nemmeno una causa esterna, una persona entra in questa esperienza e la mente è come se esplodesse, se collassasse. Ti rendi conto che tutti i problemi erano illusori perché creati da una parte di te, la parte mentale, e hai questa intuizione improvvisa, dove tracolla la parte di te che ha creato il problema. Vedi la mente da fuori. È un'istante di lucidità in cui ci si rende conto di non essere quello che si è e ci si sente liberi.

Alchimia è arte della trasformazione interiore ed è, come dicevo prima, trasmutare piombo in oro. Creo un testimone che trasforma un'emozione negativa in un'emozione superiore, e gli unici esercizi da fare per connettermi sempre di più al mio corpo di gloria sono questi:

-Stare nel momento presente.

-Essere l'osservatore dei propri pensieri ed emozioni quando avvengono, quando si manifestano.

Il problema è solo un'occasione

per trasmutare, un'auto-osservazione portata avanti ventiquattro ore su ventiquattro. Ci sono degli esercizi del ricordo di sé basati sull'energia della forza di volontà, perché meccanicamente si tende a non esserci, a fantasticare, a provare emozioni e non essere lì.

Devo voler essere qui, devo voler trasformare.

Non posso aspettare che l'amore mi arrivi dall'esterno, ma posso riconoscere all'esterno una quantità di amore pari a quella che porto dentro il mio cuore. Non devo aspettare che qualcuno me lo dia da fuori. Non posso andare da qualcuno e dire che si deve risvegliare, perciò, i destinatari del mio messaggio siete voi che vi siete già risvegliati, che avete già quel fuoco acceso.

Non è per tutti, perché ognuno si trova su un piano evolutivo diverso: alcuni sono lontani da Dio, da uno, e se sono in separazione sentono scarsità. Nell'universo, nell'uno, invece, c'è tutto (sicurezza, abbondanza, amore):

•La comunicazione avviene da cuore a cuore.

• Uscire dal giudizio.

• Smettere di accusare l'altro.

• Amare i tuoi nemici.

• Vedere la bellezza dove non la si vede.

• Ognuno deve affinare il proprio modo di amare, non è l'altro a doversi adattare alle aspettative altrui.

• Prendersi la propria responsabilità e di conseguenza il potere.

• Non smettere di amare perché l'altro se ne va.

• Ognuno ha il potere dentro di sé, non lo si deve avere sull'altro.

• L'altro scappa perché ognuno pretende che l'altro sia in suo potere.

• Ognuno deve trovare il potere dentro di sé.

Quindi, sarai tu a far entrare in campo la volontà così che si possa rendere sempre più naturale questo meccanismo. Non sarà più solo la tua anima a dare una spinta al salto quantico, come è successo quando hai incontrato la tua fiamma gemella, ma sarai tu a iniziare – con volontà e intenzione – gli esercizi di ascensione.

Con gli esercizi inizierai a sentire l'anima sempre di più, ma la tua intenzione dovrà essere pura, rivolta solo alla tua ascensione almeno per un anno.

Neutralizza la tua energia duale:

· Smetti di parlare di fiamma gemella, non parli più con lei (perché è la droga più potente che esista dato che è la tua energia e ha la stessa vibrazione). La mente si comporta come il peggior tossico che ha bisogno di una dose e cercherà di portarti lì: fai caso alla loro macchina, li sogni, vedi il loro nome ovunque e credi che tutto sia un segno per tornare insieme. La mente sa che credi di essere i tuoi pensieri, e la tua energia viaggia verso di loro allontanandoli. Se hai queste esperienze telepatiche devi accoglierle ed essere consapevole che non sei tu, ma il flusso di coscienza, e lasciarlo andare cambiando il focus della tua attenzione al presente.

· Togli tutto quello che ha a che vedere con la tua fiamma gemella: foto, regali, qualsiasi cosa. Ne devi cancellare ogni traccia dalla tua vita come se essa non fosse mai esistita. Si tratta di una persona, non è una droga, puoi farne a meno. Perché continui allora? Perché la tua mente tossica ne ha bisogno. Se sussiste la necessità di parlarci per questioni lavorative o di responsabilità genitoriali in comune, allora dovete mantenere le comunicazioni strettamente su quel piano.

Per controllare la tua energia di dipendenza, che va avanti da anni di condizionamento, puoi tranquillamente seguire il mio programma, non saprò darti una formula magica, quella non esiste, ma con un po' di tempo e tanta volontà si può fare tutto. Puoi iniziare, per esempio, da queste cose che ti elenco:

• Togliti da tutti i canali di fiamme gemelle.

• Non andare più a vedere i tarocchi, perché fanno sì che tu possa focalizzarti sul risultato o su cosa sta o non sta facendo la fiamma gemella.

• Guarda solo video di veri insegnanti spirituali come Salvatore Brizzi ed Ekchart Tolle (come ti avevo già consigliato prima).

• Fai finta che la tua fiamma gemella non sia mai esistita e vai verso la tua ascensione, diventa un guerriero spirituale.

• Lasciali andare, smetti di avere qualsiasi contatto con loro, vai in ascensione e affidati all'universo.

Se vedi numeri tutto il tempo, ricordati che sono la tua anima, che ti fa vedere che sei correttamente in ascensione. Quando cambi l'energia, si verifica l'ascensione e ti connetti sempre di più all'anima, ti ritrovi fuori dalla polarizzazione, e ovviamente la fiamma gemella si ripresenta, perché è l'unica cosa nel mondo che è te.

Se vedi numeri tutto il tempo, ricordati che sono la tua anima, che ti fa vedere che sei correttamente in ascensione. Quando cambi l'energia, si verifica l'ascensione e ti connetti sempre di più all'anima, ti ritrovi fuori dalla polarizzazione, e ovviamente la fiamma gemella si ripresenta, perché è l'unica cosa nel mondo che è te.

PERCHÉ ACCADE? PERCHÉ PROPRIO A ME?

Tutto ciò che sta avvenendo in questi anni va considerato alla luce dell'Era acquario. Sono fenomeni salutari ai fini della sua preparazione. Essi andranno sempre più aggravandosi e prenderanno forme di maggiore violenza distruttiva.

Ciò che sta accadendo all'umanità è esattamente quello che si verifica quando viviamo il riconoscimento della fiamma e la conseguente separazione da essa: si passa per una profonda crisi – la già trattata *dark night of the soul* – per poi avvicinarsi sempre di più al nostro sé superiore.

Con l'avvento della pandemia siamo sprofondati in una forte crisi globale. I vecchi sistemi non sanno come rispondere e stanno crollando per fare spazio al nuovo.

Le profezie sono concordi nell'affermare che un ordine nuovo dovrà sostituire il vecchio: è il rinnovamento periodico di tutte le cose, che avviene perché la vita possa continuare. Perché il nuovo si affermi, è necessario togliere il vecchio, ovvero eliminare tutto ciò che impedisce l'afflusso di energie nuove. Le vecchie forme dovranno cedere a quelle che saranno le future poiché non si può mettere vino nuovo in otri vecchie.

Noi fiamme gemelle stiamo accompagnando l'evoluzione energetica della Terra, innalzando le nostre vibrazioni e permettendo nuovi risvegli. L'uomo progredirà nell'intuizione, nella connessione con il suo cuore, e questa sarà la via normale di apprendimento man mano che si avanzerà. Le applicazioni della ragione non saranno per l'uso egoistico, come è avvenuto in questa società.

Nel passaggio dall'era dei Pesci all'era dell'Acquario molti vedono la realizzazione delle teorie teologiche di Gioacchino da Fiore. L'austero monaco cistercense, vissuto nel XII secolo, che sosteneva che la storia dell'umanità era suddivisa in tre grandi periodi: quello del Padre, quello del Figlio e quello dello

Spirito Santo. L'arrivo della nuova era costituirebbe il passaggio tanto atteso dal secondo al terzo periodo. Saremo tutti guidati dall'anima e chi non si adeguerà al cambiamento è destinato ad andarsene con il vecchio sistema.

A tal proposito, si stanno radunando, in questo periodo, sulla Terra, delle anime incarnate per aiutarla verso l'ascensione.

Quando vidi il film *Matrix*, pensai che fosse bellissimo. Insomma, pura fantascienza, però molto interessante, recitata bene. Col tempo, quando ho avuto il risveglio, mi sono accorta che coloro che lo hanno prodotto, lo hanno fatto proprio a ragion veduta. La *Matrix* esiste. *Matrix* significa "utero", è la matrice, la coscienza collettiva che alimentiamo. Si può uscire da essa, si può smettere di nutrirla?

Esiste la *Matrix* fisica, la *Matrix* mentale e la *Matrix* emotiva. Tutte queste *Matrix* con cui ci identifichiamo non sono esattamente la realtà, ma una nostra interpretazione della realtà, troppo spesso le persone si identificano con esse. Questo ha luogo fino a quando non passiamo per la *dark night of the soul*. Prima, infatti, ci identifichiamo principalmente con i tre corpi fisici, non con quella che in realtà è la nostra essenza, l'osservatore di tutto questo, bensì con gli strumenti che servono per vivere su questa Terra. Quindi, questa *Matrix* ci cattura semplicemente perché ci siamo dentro ma non riusciamo a vederla. Nel momento in cui la vediamo, diventiamo consapevoli che esiste e che possiamo uscirne. Il film lo spiega veramente in modo magistrale.

Dire che esiste un complotto, che esistono dei potenti o il potere in questa società, e che noi siamo dei sudditi di questo potere, ci rende ancora più vittime addormentate nella *Matrix*.

Quando sento la mia anima e non mi identifico più con questo corpo fisico, mentale, emotivo, riesco a vedere un'altra prospettiva. Finché ci lamentiamo siamo addormentati. Uscire dalla *Matrix* significa viversela, viversela sotto un altro punto di vista. Riuscire a capire chi siamo dentro di essa e che siamo venuti a sperimentare la parte migliore di noi, l'unione nella divisione, proprio per renderci conto di cosa sia l'unione. Molti di noi lo stanno facendo, ecco perché si parla di risveglio spirituale e di incontro con la fiamma gemella e riconoscimento, perché finalmente ci si ricorda di cosa siamo. Si viene a compiere quello che è il vero obiettivo del risveglio spirituale: ricordarsi. E a proposito di veri obietti, mi sento di ribadire che quello del riconoscimento animico, come dico anche nei capitoli precedenti, non è ciò che tutti vogliono, l'unione con la fiamma gemella o chissà quale storia d'amore romantica, ma il risveglio spirituale.

Risvegliarsi spiritualmente significa stare nella fede più assoluta e nella pace intrinseca, nonostante si possano attraversare, come ti ho detto, periodi di alti e bassi. Questi alti e bassi sono stati emotivi che appartengono alla *Matrix* emotiva, tu sei un osservatore che sta in pace mentre li vive, mentre li guarda, e piano piano riesci a uscirne, a viverli con distacco perché sai che non ti appartengono e che non sono tuoi, sono parte del nostro piccolo ego. Ne costruiscono le basi e le fondamenta e quindi noi ci identifichiamo con quelle tragedie e quei drammi che creiamo e che permettono alla *Matrix* di essere nutrita. È tutto spiegato sapientemente nel film, anche se i nemici sono interpretati da quella sorta di manichini da combattere (che sarebbero i nostri stessi demoni, nella realtà 3D). Dunque, se nutriamo la *Matrix* stiamo nutrendo qualcosa che non siamo, stiamo nutrendo quei demoni. Dobbiamo riconoscerci nella nostra essenza ed essere osservatori di tutto il resto.

La fiamma gemella ti sfida per provocare la rottura del tuo ego. La tua fiamma sei tu. Il piccolo ego ti causa un forte dolore perché non vuole morire. Più pensi alla tua fiamma, più ci parli, più la tua energia preme, più la sua fugge. Quello che fa la mente è cercare di raggiungere l'altra persona e così facendo la spinge via. Il tuo obiettivo è la tua anima. Non c'è nessun Karma da espiare. La nostra mente vuole il controllo.

La tua energia viaggia verso la tua fiamma perché lei sei tu. Più tu spingi, più la spingi lontano. Non devi avere preferenze se lui/lei va o resta. Devo uscire dalla dipendenza tossica della mia mente.

• No *contact*.

• Niente messaggi.

• Non parlare più con loro.

Non devi ritrovare te stessa, la tua anima è già li sommersa dai condizionamenti culturali, dalle opinioni degli altri. Tutte le credenze che ti sei costruita mentre crescevi si sono convertite in quello che sei realmente. Ritrovare te stesso è semplicemente ricordarti chi sei, chi eri prima che questo mondo ti mettesse le mani addosso. Tu credi di essere il tuo ego e il tuo corpo, pensi di dover risistemare qualcosa e rimetterti a posto, ma in realtà hai solo bisogno di *essere*.

La mente è quella che pensa di stare bene o stare male. L'anima, invece, è pura presenza, coscienza. Sei cosciente solo del presente. Non sei da riparare, hai solo avuto uno scambio di identità: non sei la tua mente, ma la tua anima. Se ti senti bene perché c'è la manifestazione fisica della tua fiamma, sei nella mente e hai bisogno di passare dalla sua dualità alla singolarità dell'anima.

Quando si nasce, lo si fa in uno stato di presenza, di *satori*, di *samadhi*, e questo è lo stato a cui devi tornare.

Di conseguenza, quando si inizia il periodo di detox dalla manifestazione fisica della propria fiamma si farà fatica a realizzarlo. Ma una volta intrapreso il percorso ci si sentirà molto meglio. Con il passare del tempo, quando si raggiungeranno lo *zen* e la pace, se la propria fiamma dovesse ripresentarsi, il trucco è cercare di rimanere *zen* e reintegrare l'energia a poco a poco senza ricadere nel vortice della dipendenza. Verrà finalmente neutralizzata la propria energia di dipendenza.

Quando si insegue la massa si perde sé stesso, invece quando si segue la propria anima si perderà la massa. A quel punto, si è pronti per incontrare di nuovo la propria famiglia animica, fare nuove amicizie e nuove relazioni. Ma nel frattempo ci si gode la solitudine.

Manda via la dipendenza, cambiala in presenza.

LA MINDFULLNESS COME STRUMENTO DI CREAZIONE DEI LEGAMI SOTTILI CON ANIMA

La mindfulness è una pratica meditativa millenaria, originaria dell'Asia; in parole semplici, la mindfulness è la capacità di concentrarsi sull'esperienza presente, senza giudizio e senza lasciarsi distrarre dai pensieri o dalle emozioni. Questo significa che, durante la pratica mindfulness, ci si concentra esclusivamente su ciò che sta accadendo nel momento presente, senza lasciarsi distrarre dal passato o dal futuro, dalle preoccupazioni o dalle distrazioni. La pratica della mindfulness può avvenire in molte forme, ma la forma più comune è la meditazione mindfulness. In questa forma di meditazione, ci si siede in modo confortevole e si concentra sull'esperienza del respiro, notando ogni inspirazione ed espirazione senza giudicare o cercare di cambiarla. Ogni volta che la mente si distrae con un pensiero, una preoccupazione o un'emozione, si nota semplicemente il pensiero e poi si torna a concentrarsi sul respiro. Questo tipo di pratica meditativa è particolarmente utile per ridurre lo stress, l'ansia e la depressione, perché aiuta a calmare la mente e a ridurre i pensieri negativi. Inoltre, la pratica della mindfulness può migliorare la concentrazione, la memoria e la creatività, perché aiuta a sviluppare la capacità di concentrarsi su una singola attività per un lungo periodo di tempo.La mindfulness non è solo una pratica meditativa, ma anche uno stile di vita. Ciò significa che, oltre alla meditazione, la mindfulness può essere applicata nella vita quotidiana, ad esempio nel mangiare, camminare o fare le pulizie. Ed è proprio questo aspetto della mindfullness che ci interessa. Cioè vogliamo fare della mindfullness il nostro stile di vita. In conclusione, la mindfulness è una pratica meditativa e uno stile di vita che ci insegna a concentrarci sull'esperienza presente, senza giudizio e senza lasciarci distrarre dai pensieri o dalle emozioni. Per questo ci permette la costruzione dei legami sottili con anima. La mindfulness è una pratica meditativa che ha le sue radici nell'antica tradizione buddhista. Nel buddhismo, la mindfulness è una delle "otto vie nobili" che conducono alla liberazione dal dolore e alla pace interiore. La pratica della mindfulness era utilizzata per sviluppare la consapevolezza e la concentrazione, nonché per sviluppare una maggiore comprensione della natura della realtà. Le "otto vie nobili" del buddismo, che conducono alla liberazione dal dolore e alla pace interiore, sono:

Giusta comprensione: comprendere la realtà, le Quattro Nobili Verità e il Dharma.

Giusta intenzione: desiderare la liberazione da tutte le cose negative e perseguire il bene per il proprio e per il bene degli altri.

Giusta parola: evitare di mentire, diffamare, ingannare e parlare in modo irrispettoso o crudele.

Giusta azione: rispettare la vita degli altri, evitare di rubare, avere relazioni sessuali in modo responsabile e non dannoso, evitare l'uso di sostanze che possono portare a confusione e dipendenza.

Giusto modo di guadagnare: guadagnarsi da vivere in modo onesto e rispettoso verso gli altri.

Giusta energia: coltivare l'energia necessaria per praticare il bene e proteggere se stessi e gli altri.

Giusta attenzione: sviluppare la consapevolezza di se stessi, dei propri pensieri, delle proprie emozioni e della realtà.

Giusta concentrazione: sviluppare la concentrazione e la meditazione per rafforzare la mente e raggiungere una profonda comprensione della realtà.

Queste otto vie nobili sono una guida per la pratica del buddismo e della mindfulness, e possono aiutare le persone a raggiungere una maggiore pace interiore e una comprensione più profonda della realtà.

RISVEGLIO DEL CORPO DI LUCE

Perché l'anima non è sveglia?

Certo che è sveglia, lo è sempre. Il problema è che noi siamo addormentati, nel senso che ci siamo identificati con la mente, col corpo mentale, col corpo fisico e di conseguenza crediamo di essere quel corpo mentale e quel corpo fisico. Se invece abbiamo sviluppato (anche poche) delle capacità di cui parlo in questo libro, arriviamo alla credenza di essere il corpo astrale, percepiamo l'energia e pensiamo di essere quella energia, ma la "trasformazione" (se così vogliamo chiamarla) non è ancora completa: stiamo parlando ancora di corpo astrale e non di anima. L'anima è l'osservatore, quel corpo che si attiva nel risveglio. Questo avviene alle fiamme gemelle. Nel momento del riconoscimento si verifica il risveglio del corpo di luce perché ci si sente *uno* per la prima volta. Anima è unità e il mondo che noi vediamo al di fuori, in realtà, è dentro di noi, non è una nostra proiezione, siamo proprio noi. Nel mondo ci sono tanti attori e soggetti che co-creano questa realtà. Partendo da questo fatto, che è l'unico punto di vista su cui possiamo basare una crescita spirituale, so che il mio target di persone, quelle che mi seguono, hanno intrapreso la via del risveglio spirituale e sentono di vivere addormentati per via dell'identificazione col corpo mentale e fisico, solo perché così ci hanno abituato. Quando ci si libera dalla dualità perché finalmente si riconosce anima e corpo in una sola persona, si nota, finalmente, che si è identificati "al di fuori" di sé stessi. È un po' come quando abbiamo un obiettivo nella vita – che sia sportivo o professionale –, lo raggiungiamo e ci sentiamo completamente appagati, riconosciuti, salvo poi ripiombare nella dualità, cioè riavere altri desideri, altre ambizioni. E così nel riconoscimento ci sentiamo uno, avvertiamo l'energia potente dell'unità che ci frastorna, un fuoco nel cuore che scende verso il basso, attiva tutto il campo di luce, che è la nostra anima, e ci rendiamo conto di essere anima stessa. Questa botta di vita, di verità, dura un attimo e poi ripiombiamo nel meccanismo della dualità, e la mente inizia nuovamente a combattere per la sopravvivenza, e lo fa ancora più intensamente. Superato questo momento difficile del riconoscimento, ci rendiamo conto che la vita cambia per sempre perché è una illuminata, è una co-creazione di questo mondo. Tutto ciò che è fuori sono le nostre ombre e le nostre luci, è ciò che avviene nella nostra vita. Questo per farvi capire che siamo realmente addormentati e tutto quello che proiettiamo fuori ed etichettiamo come "mondo", come "percezione", tutto quello che facciamo fare agli altri nei nostri confronti, lo stiamo facendo fare con i nostri stati subconsci non ancora rilevati. Questa illuminazione che ci arriva ci permette, in un certo modo, di tirare fuori tutte queste parti di noi, di iniziare a lavorarci. Lavorarci come? Come già detto, è semplice. Il lavoro è l'osservazione, è lo stare in quelle emozioni, è la presenza. Lo stare in quei momenti e osservarli ci fa agire da un punto di vista di luce perché sappiamo che non c'è qualcuno fuori che ci fa qualcosa. Non è il mondo che ci fa subire dei comportamenti, siamo noi che stiamo generando quello che c'è fuori nel mondo. Il mondo non ha volontà.

Siamo noi che abbiamo una volontà a volte inconsapevole, inconscia, subconscia. Però, nel momento del risveglio, la luce diventa forte e illumina tutte le ombre. Per questo bisogna essere gentili con noi, soprattutto durante il riconoscimento e nel periodo successivo, perché quello che verrà fuori va illuminato, va visto, va osservato. Sia la luce che l'ombra sono sempre luce, l'ombra è al servizio della luce in questo mondo. Quando veramente percepisci nel cuore quello che hai sentito verso la fiamma gemella, verso tutti, riesci ad avere l'unione con la fiamma, perché in realtà non si tratta di unione con la fiamma, si tratta di unione con te stessa, di identificazione col corpo-anima.

Noi siamo anima, noi siamo essenza. Nel momento in cui proietti la fiamma gemella fuori di te la stai già introducendo nel mondo duale, nella divisione, nel 3D dove vediamo le persone fuori di noi. Una volta avuto il riconoscimento, questo ti permette il *salto quantico*, l'attivazione del corpo di luce, qui, in Terra, e l'evoluzione, un amore 5D che, però, deve essere rivolto solo ed esclusivamente a te stessa. Paradossalmente, solo così si può raggiungere l'unione *zen*, che non è quella a cui siamo abituati in questo mondo. Ognuno di noi realizza l'unione a modo suo, io non potrò mai dirti quale può essere quella che fa al caso tuo, perché sei tu che devi conoscere te stessa attraverso l'osservazione e la presenza. Per questo consiglio tanto di stare sui libri, di studiare, di leggersi, di guardare sé stessi e documentarsi vedendo i video di Salvatore Brizzi, perché spiegano cos'è la presenza nel qui e ora e ti fanno capire che nel momento in cui sentiamo l'unità con una persona e poi questa va via in un modo inspiegabile, in realtà siamo noi ad andare via da noi stessi nella dualità. È un buttare fuori ciò che in realtà è dentro. Cos'è l'anima? Non si può spiegare razionalmente. Posso solo dire che la presenza è nel qui e ora, nell'adesso, come dice Eckhart Tolle nel libro *Il potere di adesso*. Osservandoti costantemente ti accorgerai che vengono fuori delle cose da gestire molto pesanti, in quel momento, ricorda che gli scossoni del risveglio vanno accolti, accettati e amati. Questo sgretolarsi del corpo, dell'identificazione col corpo fisico e mentale, ti permetterà di acquisire l'identificazione con l'anima e l'unione animica.

Questa è tutta una scoperta

individuale, si diventa esploratori o esploratrici. Sento di essere io a proiettare tutto fuori, a ricordare, a portare alla luce. E questa percezione si ha nel riconoscimento. Perché lì stavi bene, lì stavi nel momento *zen*. Solo che poi sei ripiombato in questa realtà, sono arrivate le difficoltà, la scissione, l'allontanamento e quella persona ti fa solo da specchio in modo che tu veda con chi sei identificato: se col mondo duale o col mondo dell'uno. Questa persona rispecchia questa vibrazione. Nel momento in cui decidi fortemente di intraprendere il cammino per il risveglio spirituale è perché l'anima ti sta portando lì, e la fiamma gemella ti viene data di conseguenza. È come quando tu vuoi raggiungere un dato obiettivo nella vita. Faccio un esempio professionale, non parliamo solo di amore, pensiamo che per conseguire qualcosa nella vita dobbiamo prima *essere quell'obiettivo*, *essere non agire*. Essere non come in alcuni casi *new age*, dicendo «Adesso penso di essere ricco e divento ricco» oppure «agisco in questo modo perché è il modo positivo di...». No. Essere, sentire. Sentire questa ricchezza e questa abbondanza dentro di te. La ricchezza è dentro di noi, l'abbondanza è dentro di noi. Come spesso sento dire da Salvatore Brizzi nelle sue conferenze, «La povertà è una malattia». È vero che lo è. Anche la dualità lo è nello stesso modo. La dualità di questo mondo è una malattia perché noi siamo uno, siamo uno ma non così per dire, va sentito dentro. Nel momento in cui volontariamente inizi a fare questo lavoro di presenza nel qui e nell'ora, con ciò che senti di essere, questo si manifesta inevitabilmente fuori. In un futuro non avremo più bisogno delle esperienze negative. Ma per ora sì.

Quando le cose vanno male, infatti, cerchiamo di capire perché è in quel modo e lavoriamo su di noi.

In un futuro molto breve, il risveglio potrà avvenire anche attraverso le emozioni positive. Potremmo riuscire a evolvere con sentimenti quali la gioia, e quindi a creare maggiore contatto con questo corpo di luce, a conoscerci sempre di più e a vedere riflessa questa realtà nella vita. A un certo punto, vi accorgerete che l'obiettivo, lo si perderà proprio di vista. Non ve ne importerà più niente. Arriva da solo e te ne eri dimenticato perché l'obiettivo *vero* è il lavoro su sé stessi. Il risveglio. Ricordarsi chi siamo, perché nella vita, fondamentalmente, siamo venuti a fare questo.

La fiamma gemella, essendo la tua anima in due incarnazioni nello stesso spazio-tempo, è l'emblema di questo e ti sconvolge. E lo fa proprio nel momento giusto, arriva nell'esatto istante in cui sei pronto al risveglio spirituale. Nel mondo materiale e duale la vedi proiettata fuori e hai il rifiuto del tuo risveglio. Anzi, il mentale ce l'ha. Per questo, c'è bisogno di un grande lavoro su di sé, che è il risveglio. Si deve andare a fondo nel risveglio spirituale, nella propria luce, perché tutta la vita possa cambiare. Hai veramente questa percezione che quel tutto sei tu. *Tutto*.

Il paradiso in Terra esiste perché può essere trattenuto per sempre, questa è la magia del risveglio alchemico che vive la fiamma gemella, la quale è sempre un'unione, mentre la separazione è una nostra proiezione mentale, dovuta dalla dipendenza dalla mente, dalla dualità mentale. Nel momento in cui si riesce a scindersi completamente da questa visione e a passare alla visione dell'Unità, è allora che appare l'unione, tutto è unione. Vi viene mostrata davanti agli occhi. Un tempo non vedevate che la vostra fiamma era vostra, ma pensavate che fosse qualcun altro, perché non avevate acquisito gli occhi per vedere, quelli "della luce", gli occhi dell'anima. Allenatevi a farlo perché il risveglio è una grazia che avete ricevuto senza nemmeno sapere perché. Non c'è un perché. Chi cerca il risveglio non lo trova perché è un paradosso. Molto spesso viene descritto come un abbandono di tutte le nostre volontà: i desideri più alti verranno espressi attraverso noi stessi/e, attraverso la nostra luce e questa la sentiremo proprio dal cuore, sentiremo vibrare questa energia. Non ci importerà più niente del resto, il resto ci verrà dato, ci verrà dato tutto. È una questione di abbandono a questa energia universale, a questa potenza. L'amore incondizionato verso la fiamma è in realtà verso noi stessi. L'amore è qui, nel nostro cuore e dobbiamo dare tutto a noi stessi, tutto quello che non ci siamo dati nel passato. Questo è sicuramente un modo per risvegliarsi e iniziare a mettere noi stessi al centro. Noi come coscienza, quella presenza, quella luce che osserva i pensieri che abbiamo e che non sono nostri, le emozioni che abbiamo e che non sono nostre. Di nostro, c'è solo la presenza e, probabilmente, la missione che portiamo in questa vita dopo averla *sentita.* Spesso è capitato di aver provato alcune emozioni guardando dei film, grazie a essi si è sviluppato un vero e proprio culto dell'amore romantico che, a mio parere, è veramente ridicolo. Perché è ridicola? Perché poi, nelle coppie normali, in quelle che stanno insieme "per davvero", questo amore, questa emozione, è spesso basata su un innamoramento fisico, a volte mentale, ma di certo non animico.

Nel momento in cui arrivano le difficoltà le coppie traballano, cascano o continuano a stare insieme solo perché *devono* farlo. La questione di fondo non è l'amore incondizionato. I litigi ci saranno sempre con tutti, così come affronteremo costantemente problemi sul lavoro o nella vita. È una questione di identificazione, di non ritrovarsi più nella dualità, col mentale, con un corpo fisico. Siamo un corpo di luce, siamo la presenza.

Se ognuno volesse trovare la propria missione, cosa dovrebbe fare? Una volta che ti sei identificato con l'anima non hai bisogno di fare niente, tranne gli esercizi che ho mostrato nei capitoli precedenti.

L'incontro con la tua fiamma gemella è la tua ascensione spirituale.

Tu non sei i tuoi pensieri, non sei le tue emozioni. La mente vuole capire, l'anima conosce, l'anima sa:

-La tua pace interiore non dipende dalle circostanze esterne.

-Non hai bisogno di niente.

Ti renderai conto che, una volta intrapreso il cammino all'ascensione spirituale, l'abbondanza inizierà a fluire in ogni senso nella tua vita. E questo perché l'universo è abbondanza. Porsi come obiettivo il denaro non porta da nessuna parte, ma perché il denaro sia collegato all'obiettivo è necessario che io scopra la mia missione.

Come posso farlo? Devo focalizzarmi su quale sia la missione di tutti.

Quale è l'obiettivo che riguarda le anime? Se entro in questa prospettiva, con il tempo emergerà anche la missione personale.

L'obiettivo personale non deve essere spirituale, ma essenziale per l'umanità. Quello di tutte le anime è amare, aprire il cuore, aumentare la quantità e la qualità di amore che siamo in grado di provare, indipendentemente da come sia arrivato. Ognuno, chiuso questo libro, avrà imparato un po' di più ad amare all'interno dell'incarnazione.

Amare è avere la capacità di vedere la bellezza dove solitamente non si vede, significa che a livello evolutivo riusciremo a trovarla nelle cose che un tempo per noi erano brutte. Amo i miei nemici, prego per i miei persecutori. Comincio a capire che è tutto all'interno.

Gli artisti anticamente non facevano arte per esprimere l'interiorità, ma per esprimere l'uno attraverso di loro. L'arte ricopriva un ruolo evolutivo e aveva il privilegio di far sì che si verificasse un'elevazione di coscienza.

La capacità di vedere la bellezza nel mondo porta all'illuminazione, non il contrario, come invece abbiamo sempre creduto. In molti, infatti, bramano l'illuminazione per riuscire a vedere la bellezza ma questa è una credenza della cultura *new age*.

Amare i propri nemici permette l'identificazione con l'anima e di costruirne le connessioni e il proprio corpo di gloria.

Il denaro, l'abbondanza e la missione, arrivano ponendosi un obiettivo al servizio della bellezza e dell'amore, al servizio dell'uno.

A seconda della grandezza di questo

obiettivo, l'abbondanza e la ricchezza ti giungeranno in modo proporzionale.

Nel processo di realizzazione del sé, sentirò, intuirò, un grande obiettivo al servizio degli altri, e la quantità di denaro che gestirò sarà completamente opposta a quella che gestivo nello stato di addormentamento nella *Matrix* duale.

L'intenzione di essere presente, l'ingrediente che cambia tutto

Non si può pensare alla presenza. Comprendere la presenza significa essere presenti.

Bisogna chiedersi quale sarà il nostro prossimo pensiero e quindi stare allerta, consapevole di ciò che sta accadendo.

Quando si è in uno stato di intensa presenza l'obiettivo è focalizzarsi su di essa, liberarsi da ogni pensiero e quando la propria attenzione cosciente scende al di sotto di un certo livello appare il pensiero, portando rumore mentale e irrequietezza.

Salvatore Brizzi fa un esempio che chiarisce esattamente il concetto sopra espresso e più volte richiamato anche nel film Samadhi.

Immaginiamo una carrozza trainata da cavalli, legati solidamente a essa, che è a sua volta guidata da un cocchiere che interagisce con i cavalli attraverso le redini. Come si può notare le redini hanno un legame meno forte rispetto a quello della carrozza con i cavalli.

Il cocchiere è la mente, la carrozza è il corpo biologico e i cavalli sono le emozioni.

Nel momento in cui i cavalli sono imbizzarriti e il cocchiere cerca di domarli il rumore è parecchio e sicuramente il cocchiere non può sentire un legame molto più sottile, che è quello con il passeggero della carrozza, il nostro vero io, l'anima. E non può farlo per via della troppa confusione.

Il rumore si percepisce maggiormente nel momento dell'abbandono da parte della fiamma, quando l'altalenare delle emozioni è paragonabile a delle montagne russe, mentre la mente è occupatissima nei pensieri ossessivo-compulsivi e nel cercare di domarli. In questo stato si è in grado di ascoltare l'anima? Allora perché l'anima si comporta così, vi chiederete? Perché il suo obiettivo – e quindi anche quello della fiamma gemella – è che ci si accorga dello stato miserabile in cui si è stati immersi fino a quel momento e si cerchi, attraverso la volontà, di uscirne. A quel punto, la fiamma regala un momento di lucidità, oltre che un dolore devastante, dovuto alla morte del piccolo ego, del corpo di dolore. È un vero e proprio calvario. Nessuno, tranne i creduloni che pensano di trovarsi di fronte a un'anima gemella potenziata, si augurerebbe di incontrarla.

Credetemi, se non l'avete incontrata, non cercatela. Ma state tranquilli, voi che ormai l'avete fatto, la luce alla fine del tunnel c'è: basta seguire i giusti maestri. Come, per esempio, Kurt di New world all stars, che afferma: «I'm not reinventing the wheel», «non devo reinventare la ruota» cercando di fare pratiche new age, ma affidarmi al puro e autentico risveglio spirituale degli antichi maestri yogi. Niente di nuovo, è tutto qua.

Per controllare lo stato di presenza di una persona, i maestri zen si avvicinavano ai loro studenti da dietro, per poi colpirli improvvisamente con un bastone. Se lo studente è pienamente presente, vigile, ne avverte l'arrivo e prova a fermarlo o allontanarlo; se invece si lascia colpire significa che è distratto, assorto, assente, privo di sensi. Si può essere costantemente presenti solo se si è perfettamente radicati in sé stessi e non soggetti a montagne russe emotive, a cavalli imbizzarriti che non ci danno la possibilità di ascoltare l'energia sottile dell'anima. La mente è sempre in attesa di imporre la sua influenza, la sua distrazione, ti trascinerà con forza verso una direzione che non è quella dell'anima. Nello stato cosciente, la propria attenzione deve essere rivolta nell'adesso. Non c'è spazio per sognare a occhi aperti, non c'è tensione, non c'è paura. Solo presenza, attenzione cosciente. In uno stato di coscienza, il sé, il piccolo ego, è praticamente scomparso.

Solo in questo stato si è veramente sé stessi.

Quando, riconoscendo la propria fiamma gemella, si sperimentano quei momenti di consapevolezza, probabilmente non ci si rende conto di essere in uno stato di "non mente". Questo perché il divario tra quello stato e il flusso di pensiero era troppo breve. Il proprio satori doveva essere lì da qualche secondo, dunque, prima ancora che la mente prendesse il sopravvento. Eppure è venuto per essere lì. Altrimenti non si sarebbe mai sperimentata la bellezza. Una volta arrivato il pensiero, non rimane altro che un vago ricordo. Più ampio è il divario tra percezione e pensiero, più si è profondi come essere umani, cioè più si è consapevoli. Per quelle persone prigioniere della propria mente, la bellezza non esiste.

Come dice Tolle nel Potere di Adesso, «è possibile che lusinghino la presunta bellezza di un fiore, per esempio, ma lo fanno solo in modo automatico, vuoto, perché è quello che gli è stato insegnato a pensare. Non è altro che un'etichetta, un costrutto mentale, un'illusione. Non vedi davvero quel fiore». Queste persone conoscono la bellezza tanto quanto conoscono sé stesse. Poiché viviamo in una società dominata dalla mente, cose come l'arte moderna, la musica o la letteratura sono private della bellezza, dell'essenza.

Un tempo, invece, l'arte era appositamente creata per risvegliare le persone e le coscienze.

Oggi la maggior parte degli artisti sono incapaci di liberare loro stessi, anche solo per un attimo, dalla loro mente. Pertanto, non sono mai in contatto con la vera creatività e bellezza che ne deriva.

Anche le pratiche spirituali *new age* sono simili al pensiero patologico presente in tutti gli aspetti della nostra esistenza. È un'ulteriore agitazione della mente. Per costruire il piccolo ego ci vogliono sempre più soldi, più potere, più amore, più spiritualità... più di tutto. Nel nostro mondo occidentale e con il diffondersi delle pratiche *new age*, coloro che percorrono il sentiero spirituale vogliono essere più svegli, più pacifici e illuminati. Ma l'illuminazione o il *samadhi* non consistono nell'aggiungere qualcosa a sé stessi, ma nel togliere anni di costruzione di un falso io.

La società, la nostra cultura, ci impongono un concetto su chi siamo, il che ci rende schiavi di una profonda incoscienza, di desideri o avversioni che governano le nostre decisioni. La costruzione del "piccolo ego" non è altro che il nostro impulso a ripetere.

È il percorso che l'energia ha preso una volta e la tendenza di quell'energia a continuare nella stessa direzione in modo meccanico e automatico, indipendentemente dal fatto che sia positivo per noi o meno.

Quando la nostra coscienza si identifica con il falso io (o piccolo ego) diventa legata al condizionamento sociale. Di alcuni aspetti del piccolo ego possiamo essere consapevoli, ma vi sono anche infiniti schemi meccanici che ci spingono verso il desiderio di piacere, verso l'assenza di dolore, che influenzano in modo subliminale tutta la nostra vita.

Tuttavia, è possibile abbandonare la vita che ci è stata imposta per far uscire quel mondo che è dentro di noi. Shakespeare ha giustamente affermato che «tutto il mondo è un palcoscenico, e tutti gli uomini e le donne sono semplici attori».

Un altro punto importante per comprendere il nostro percorso viene ancora ribadito nel già citato film *Samadhi*: «Quando sei consapevole di te stesso, non ti vedi davvero riflesso nella maschera che indossi, ma non rinunci nemmeno a recitare la tua parte. Al contrario quando vedi solamente il riflesso di quella maschera, quella è l'illusione del sé. Cioè essere intrappolati in un labirinto di illusioni. Quella è Maya.

Platone descrive un gruppo di persone incatenate in una caverna per tutta la vita davanti a un muro spoglio. L'unica cosa che possono vedere su quel muro sono le ombre proiettate dal fuoco dietro di loro. Bene, quello spettacolo di marionette è il loro mondo. Quelle ombre sono le cose più vicine alla realtà che queste persone possono percepire. E se anche sospettassero che possa esserci altro al di là del muro, sarebbero riluttanti a rinunciare a ciò che sapevano. Ebbene, l'umanità è esattamente come quelle persone, come gli spettatori di un'opera di fiction. L'unico mondo che conosce è il mondo della mente, il mondo del pensiero che gli è stato imposto. L'uomo medio vede soltanto la *Matrix* biologica, mentale, ed emotiva; se è fortunato percepisce quella astrale. Tuttavia, c'è un altro mondo oltre il pensiero, oltre la mente dualistica, e anche oltre l'astrale.

A un estremo della coscienza, l'essere umano si identifica con il sé materiale; all'estremo opposto c'è il *samadhi*, la cessazione del sé materiale e duale, in poche parole, l'anima. Ogni passo che facciamo verso l'ascensione consapevole ci allontana sempre di più dalla sofferenza, il che significa che vi è una parte sempre minore di noi che genera resistenza verso quanto sta accadendo. Quella resistenza è ciò che ci fa soffrire.

Tutto quello che abbiamo visto finora ci porta ad affrontare un punto importante: l'essere presenti e consapevoli è profondamente radicato nel senso del sentire. Sono presente nel momento e presente alle mie emozioni, al mio sentire, sono radicato nel corpo. Il corpo mi aiuta e mi vincola al presente. Per cui quando provo un'emozione che giudico negativa – la gelosia, la tristezza, il dolore – la accolgo e la distribuisco in tutto il corpo, lasciando che si dissolva e che faccia da carburante a molti dei miei progetti.

Se manca questa connessione, ecco che la presenza testimoniante è andata ad alimentare una modalità dissociativa: mi distanzio e osservo chiudendomi rispetto a ciò che è sgradevole o che giudico negativo. Da questa dissociazione derivano tutte le malattie, fisiche e mentali.

Non trasformando il piombo in oro, in "carburante" per il mio corpo e per i miei progetti guidati dall'anima, vado a togliermi energia positiva e lascio entrare quella negativa, perché il testimone, o padrone di casa non è nel corpo. Quindi chi c'è al posto suo?

La testimonianza e la consapevolezza sono state rapite e messe al servizio di un meccanismo difensivo della mente.

Oggi, nel mondo *new age*, questo accade di frequente. Noi fiamme dobbiamo tenerci lontani da tutto ciò: tante persone che intraprendono percorsi di meditazione sono mosse proprio dal voler prendere distanza da un mondo che non gli piace e li fa soffrire, dove non vedono bellezza e cadono in subdoli tranelli, alimentando le loro difese con un'intensa pratica di consapevolezza, sconnessa dal proprio sentire.

È molto pericoloso fare meditazioni, come sostiene anche Salvatore Brizzi, quando in noi non è ancora bene ancorato il testimone, quando non si è presenti e consapevoli o non si è innescato in noi il processo di risveglio consapevole e l'ascensione spirituale consapevole. Prima saremo in grado di vedere ovunque la bellezza ed essere perfettamente consci di essere i creatori del mondo e prima saremo pronti a meditare. Non funziona al contrario, non si medita per il *satori*. Si vede il *satori* e si medita per accrescerlo, cioè per inviare energia all'unità, non alla dualità.

A quel punto, entrati in forte

connessione con l'anima e risvegliato il testimone, si alimenta un meccanismo di liberazione delle emozioni non vissute e di liberazione dal corpo di dolore o piccolo ego. Invece, fare meditazione con l'idea del distacco dal mondo reale e dal nostro sentire, che ci appaiono dolorosi, per rifugiarci in una sorta di *zen new age* è molto rischioso per la propria salute mentale. Lo è perché piuttosto che vivere la vita e aprirsi a essa con un pieno sentire, ampio e unito, ce ne dissociamo, reputando questa distanza per giunta come elevata e spirituale. Si ritorna nella dualità più assurda, ci si etichetta come "spirituali".

È fin troppo facile cadere in questo meccanismo, ed è uno dei motivi per cui in un percorso di risveglio o di riconoscimento animico è indispensabile essere seguiti da un maestro esperto che guidi il processo e che ponga attenziona a certe dinamiche acquisite, non legate a una moda, a un mondo *new age* che non fa per noi.

Noi fiamme gemelle, durante il percorso di ascensione e risveglio, dovremmo seguire e nutrirci solo di veri maestri spirituali come Sadhguru, Paramahansa Yogananda, Swami Kriyananda, George Ivanovič Gurdjieff, Rudolf Joseph Steiner, Jiddu Krishnamurti, Omraam Mikhaël

Aïvanhov, Maharishi Mahesh Yogi, Osho Rajneesh, Tenzin Gyatso (attuale XIV Dalai Lama del Tibet), Eckhart Tolle, Deepak Chopra e soprattutto, con un linguaggio molto più aperto al risveglio delle nuove generazioni, **Salvatore Brizzi**. Ognuno di noi sarà un grande maestro, non importa quanto si è famosi o che si svolga un lavoro semplice, solo la connessione con la vera vita, con l'uno e con anima, può innescare negli altri la stessa fonte di vita. Voi siete una fiamma accesa, in grado di attivare questo fuoco negli altri.

Spendiamo due parole per conoscere meglio questi maestri:

Sadhguru è uno yogi indiano diventato molto famoso in tutto il mondo e seguito anche da star come Robbie Williams o Will Smith e in Italia da Fabio Volo. Il suo vero nome è **Jaggi Vasudev** e ha fondato la **Isha Foundation**, un'organizzazione non profit che offre lezioni di **yoga** per tutte le persone del mondo. Ha scritto moltissimi libri ed è diventato molto famoso con la sua *Guida alla Gioia*, è entrata nella lista dei best seller del "New York Times".

Paramhansa Yogananda nacque nel 1893 a Gorakhpur, in India, come Mukunda Lal Ghosh, da una famiglia benestante del Bengala. È stato il primo grande maestro indiano a trasferirsi in Occidente ed è considerato una delle principali guide spirituali dei nostri tempi. Il suo maggiore insegnamento è che l'essenza intima di ogni religione è la stessa: la via per l'unione con l'infinito, conosciuta come "realizzazione del Sé". Per aiutarci, Yogananda ha trasmesso l'antica scienza del Kriya yoga, insegnando pratiche spirituali facilmente accessibili ai ricercatori occidentali, per far sì che tutti possano vivere la propria esperienza diretta con Dio, senza difficoltà.

Swami Kriyananda è nato il 19 maggio del 1926 con il nome di James Donald Walters a Teleajen, in Romania, figlio di genitori statunitensi. Sua mamma definì il periodo della gravidanza come fortemente gioioso.

Frequenta l'Haverford College per poi iscriversi alla Brown University: a un solo semestre dalla laurea ha abbandonato gli studi per dedicare la propria vita alla ricerca di Dio. Nel settembre del 1948, infatti, mentre si trova a New York, legge *Autobiography of a Yogi*, di Yogananda: un libro che rivoluzionò la sua vita.

Pochi giorni dopo aver letto il volume, James scelse di lasciarsi alle spalle la sua vecchia vita e di viaggiare per tutto il Paese in bus, arrivando fino al sud della California, per diventare un discepolo di Yogananda. Lo incontrò per la prima volta a Hollywood, nel tempo della Self-Realization Fellowship, dove venne accolto come discepolo.

George Ivanovič Gurdjieff. Il suo insegnamento principale è che la vita umana è ordinariamente vissuta in uno stato di veglia apparente prossimo al sogno; per trascendere lo stato di sonno ipnotico elabora uno specifico metodo per ottenere un livello superiore di vitalità e giungere al *ricordo di sé*. Le sue tecniche pratiche non vengono comunicate nei libri, ma ancor oggi esse sono impartite da discepoli qualificati della sua scuola.

Rudolf Joseph Steiner. Nato il 27 febbraio 1861 è stato un filosofo, pedagogista, esoterista, artista e riformista sociale austriaco. Fu il fondatore dell'antroposofia, di una particolare corrente pedagogica, la pedagogia Waldorf, caratterizzata dal rifiuto dell'apprendimento nozionistico. Si è occupato di filosofia, sociologia, antropologia, economia e musicologia.

Jiddu Krishnamurti. Nato l'11 maggio 1895 nell'India del Sud. Insieme a suo fratello Nitya, venne adottato da ragazzo da Annie Besant, allora presidente della Società teosofica. La Besant e altri proclamarono che fosse destinato a diventare un maestro per il mondo, la cui venuta era stata predetta dai teosofi. Per preparare tutti a questo evento, fu creata un'organizzazione mondiale, l'"Ordine della Stella d'Oriente" e il giovane Krishnamurti ne fu messo a capo. Nel 1929, però, rinunciò al ruolo che si pretendeva da lui, sciolse l'Ordine con tutto il suo enorme seguito e restituì tutto il denaro e i beni che erano stati donati per quel lavoro. Da allora, per circa sessant'anni e fino al momento della sua morte, viaggiò per tutto il mondo parlando della necessità di un cambiamento radicale nell'umanità sia di fronte a un vasto pubblico che in incontri individuali.

Omraam Mikhaël Aïvanhov è nato in Macedonia, il 31 gennaio 1900. Il suo insegnamento integra ed elabora i princìpi delle passate tradizioni spirituali occidentali e orientali, per adattarli alla nostra epoca in una forma nuova, in cui l'ideale spirituale e le conoscenze iniziatiche vengono applicate concretamente nella vita pratica. La sua lezione è, quindi, in linea e si basa sugli antichi insegnamenti di grandi maestri dell'umanità e si fonda sull'esistenza dei due grandi princìpi cosmici, maschile e femminile, Spirito e Materia, e poggia sulle grandi Leggi universali. Queste Leggi, conosciute da tutti i grandi Iniziati di ogni epoca, vengono rivelate dalla Scienza iniziatica, tramite i grandi maestri dell'umanità. Lascia il suo corpo fisico, in piena e completa consapevolezza, il giorno di

Natale del 1986. Per sua espressa volontà la notizia venne comunicata solo tre giorni dopo: aveva lasciato intendere che in quei tre giorni aveva un'opera da compiere nel piano sottile, e per questo il suo corpo fisico doveva rimanere in isolamento.

Maharishi Mahesh Yogi. Nato il 12 Gennaio, mistico, filosofo indiano, fondatore della tecnica conosciuta come meditazione trascendentale. Tra la fine degli anni Sessanta e settanta raggiunse un'enorme popolarità anche grazie al fatto di avere avuto tra i suoi discepoli numerose celebrità dell'epoca, come il gruppo musicale dei Beatles. A metà anni Settanta diede inizio al cosiddetto "TM-Sidhi Program", un training che avrebbe permesso agli adepti di apprendere l'arte della levitazione (da lui chiamata *yogic flying*, ovvero "volo yoga") e di contribuire alla pace nel mondo.

Osho Rajneesh. Il popolarissimo Osho è nato l'11 dicembre 1931.

I suoi insegnamenti sono volti al risveglio spirituale dell'individuo ed enfatizzano l'importanza della libertà, dell' amore, della meditazione, dell'umorismo e di una gioiosa celebrazione dell'esistenza, valori che egli riteneva soppressi dai sistemi di pensiero imposti dalla società e dalle fedi religiose. Invitò l'uomo a vivere in armonia e in totale pienezza tutte le dimensioni della vita, sia quelle interiori che quelle esteriori, poiché ogni cosa è sacra ed espressione del divino.

Le sue idee ebbero un notevole impatto sul pensiero new age occidentale da cui, tuttavia, egli prese le distanze·

Tenzin Gyatso, attuale XIV Dalai Lama del Tibet

Lhamo Dondrub, ossia «dea che esaudisce i desideri» in tibetano, nacque in una povera e numerosa famiglia di agricoltori. Nel 1939 fu nominato XIV Dalai Lama.

Il 10 dicembre 1989 ricevette il Premio Nobel per la Pace per la sua lotta pacifica per la liberazione del Tibet. Ha adottato il rifiuto della violenza, preferendo ricercare soluzioni basate sulla tolleranza e il rispetto reciproco, sviluppando una filosofia di pace fondata sul rispetto per tutto ciò che è vivo e sul concetto della responsabilità universale, avanzando proposte costruttive per la soluzione dei conflitti internazionali, il problema dei diritti umani e le questioni ambientali globali.

Eckhart Tolle è nato il 16 Febbraio 1948 in Germania, è uno scrittore tedesco. È l'autore dei di diversi best Selle tra cui il "Potere di Adesso" che consiglio sempre di leggersi.

Una notte del 1977 a 29 anni, dopo un lungo periodo di forte depressione che lo aveva portato quasi sull'orlo del suicidio, si svegliò in preda a un attacco di ansia e a una pena "quasi insopportabile".

Successivamente, si sentì in pace in qualsiasi situazione. Per tanto tempo rimase senza lavoro, senza casa, e quasi senza cibo, ma perdurava in lui uno stato di gioia incomprensibile.

Dopo qualche anno, iniziò a lavorare come maestro spirituale.

Deepak Chopra è nato il 22 ottobre 1947. È uno scrittore prolifico, professore universitario e medico, ha all'attivo oltre 75 best seller, con oltre venti milioni di copie vendute in tutto il mondo e tradotte in ben trenta lingue. Tra le sue opere più note ricordiamo: *Le sette leggi spirituali del successo, La Pace è la Via, L'anima del vero leader, La via della prosperità.*

Nel 1995 ha inaugurato un suo Centro per il Benessere (The Chopra Center for Well Being) che offre una grande varietà di programmi di medicina mente-corpo e sviluppo personale.

Salvatore Brizzi è nato l'11 di novembre del 1970, è un praticante di Alchimia Trasformativa e autore di 13 libri di successo pubblicati in Italia dalla Casa editrice di cui è editore, Antipodi Edizioni. Attraverso la sua attività di scrittore e conferenziere, partecipa attivamente al movimento di "restauro dei Misteri", soprattutto alchimia e magia che, sempre più, coinvolge quella parte di umanità sensibile al richiamo dell'anima. Personalmente, trovo in lui un aiuto fondamentale nel nostro percorso di risveglio spirituale.

State lontani e molto attenti ai falsi maestri *new age* e seguite assiduamente quelli autentici. Non finirò mai di farvi questa raccomandazione in questa guida e durante le mie consulenze e i miei corsi.

L'aspetto difficile nel nostro percorso è che, in rete, molti coach di fiamme gemelle *new age* sono loro stessi vittima di dualità, alimentandola a loro volta negli studenti che seguono e creando in questo modo un circolo vizioso, una trappola in cui non dobbiamo cadere.

Ora che abbiamo individuato dove sta il fraintendimento, andiamo a dare alcune semplici indicazioni da mettere in pratica.

La struttura del sé è composta

da tanti piccoli ego: brama, cibo, potere, denaro, *status*, sesso, intimità, attenzione. I desideri sono molti e potrebbero non essere mai soddisfatti. Trascorriamo gran parte del nostro tempo e delle nostre energie soccombendo alle pulsioni per "migliorare" quelle maschere che non fanno altro che rendere più forti i nostri desideri.

Le crisi esistenti nel mondo sono un riflesso di una crisi interna dell'umanità. Prendiamo la pandemia e il *lockdown* come riferimento. La chiusura a cui siamo stati sottoposti è il riflesso delle gabbie mentali in cui viviamo, di quelle *Matrix* in cui abbiamo vissuto imprigionati per anni. Non esiste una parete "fisica" che possa realmente proteggerci, come non esiste una parete mentale che possa separarci dall'anima. Siamo noi stessi a frapporre tra noi e gli altri una parete.

Per cambiare il mondo esteriore, dobbiamo essere disposti a cambiare dentro di noi.

L'uomo è per sua natura possessore di numerose capacità o doti, tra queste, mi voglio soffermare sulla "volontà". Ha la capacità di dare al corso degli eventi la direzione che desidera, di rendere la sua vita ciò che vuole veramente che sia. Tuttavia, questa qualità si contrappone a un'altra: quella di vivere le cose come sono, la famosa resa o accettazione.

Troverete coach di fiamme gemelle che ve ne parleranno, discorrendo di amore incondizionato e paragonandolo al "dare l'altra guancia". Non cadete in questa trappola. Non esistono coach di fiamme gemelle, ci tengo a ribadirlo, perché la fiamma gemella è un'illusione ottica. È veramente ridicolo quello che si legge e dice in giro, purtroppo anche persone seguitissime nel mondo delle fiamme gemelle fanno danni, tanti danni.

Non dovete per forza imparare a provare amore incondizionato verso la fiamma, perché in questo modo si torna nella dualità, così come non è vero che deve andarci bene tutto quello che fanno e che noi dobbiamo porgere l'altra guancia. Addirittura, in un articolo si diceva che il distacco avrebbe portato entrambe a essere due runner. Non ho mai letto tante assurdità solo per giustificare una tossicodipendenza emotiva dalla manifestazione fisica della fiamma. Ripeto, non c'è un "entrambe runner". C'è uno di voi, non due. L'amore incondizionato non è una cosa da forzare o da provare a prescindere, è uno stato dell'essere che si verifica nel momento in cui si è presenti nel qui e nell'ora, in ascensione spirituale e in unione, nel quale si percepisce la bellezza, è una conseguenza del risveglio, non una causa. Il distacco dalla manifestazione fisica della fiamma gemella è fondamentale.

Questi percorsi per fiamme gemelle non fanno altro che aumentare la vostra dipendenza dalla mente duale, giustificando la vostra dipendenza dalla fiamma, mascherandola da amore incondizionato e facendo sì che essa si allontani sempre più da voi.

Dove sta l'ago della bilancia, il centro di gravità permanente?

Nel nostro mondo duale ci sono due tipologie di persone: gli anticonformisti che usano solo la loro volontà per cambiare il corso degli avvenimenti e i passivi che, al contrario, si arrendono all'accettazione delle cose. Volere e arrendersi. Anticonformismo e accettazione. La combinazione di entrambi gli estremi risolve il problema.

Come si combinano efficacemente?

La volontà è la forza motrice del risveglio spirituale. Una volta avvenuto il riconoscimento, attraverso la nostra volontà dobbiamo spingere, indurre la macchina biologica verso il cammino all'ascensione spirituale consapevole (che è quello che l'anima vuole).

L'anima, grazie al riconoscimento

animico ti ha dato una scintilla, sta a te mantenerla accesa. La volontà è molto importante, ma anche il cercare risultati a lungo termine, e non immediati, lo è. L'anima non ha fretta e non ha preferenze. Devi sapere sia aspettare che continuare, ascoltandoti. Dovrai sostituire il tuo fare per la fiamma gemella, con l'essere.

Arriverà un momento in cui ti sentirai stanco, e non vedrai risultati apparentemente in questa realtà duale. La fatica è la conseguenza dell'essere attivi, del dispendio di energie. Questo è comune in tutte le persone, e se ci stanchiamo consapevolmente, sapremo quando e come recuperare meglio. Il riposo non deve essere visto come un'interruzione, ma come parte integrante del viaggio.

La fatica, invece, può diventare anche lo scudo che la persona usa per non fare, per non agire. Ciò significa che esiste ancora, seppur flebile, una connessione con forze che spingono nella direzione opposta: da un lato, si sente il bisogno di muoversi verso il proprio obiettivo, che deve essere sempre l'ascensione spirituale e mai la fiamma gemella (lo ripeterò fino allo sfinimento); dall'altro, la stanchezza lavora contro di te. È facile ricadere nella meccanicità della dualità. Stare svegli e attivi, infatti, richiede presenza, volontà di presenza. Riconoscere la barriera della fatica come una strategia utilizzata dal proprio piccolo ego per protezione, può aiutare in questo percorso ma bisogna essere disposti ad abbandonare la difesa dalla fatica, dell'amore incondizionato, da qualsiasi scusa o difesa e a prendere posizione e agire. In gergo popolare, potremmo dire che bisogna "prendere la bicicletta e pedalare"! Ciò non vuol dire fare qualcosa per riunirsi con la fiamma gemella né manifestare o fare, vuol dire essere! Riesci a sentire quanto dentro un "non posso" si nasconda un "non voglio" o un "ho paura di perdere la fiamma?" Accogli questa paura. È una parte di te di cui, a questo punto del percorso, dovresti essere pienamente consapevole.

Una volta che agisci in volontà di ascensione, dovresti essere in grado di essere quel samurai, quel guerriero spirituale di cui ti parlavo precedentemente. Il samurai, dentro di sé, ha amore incondizionato assoluto: ama tutti, ama e rispetta anche i propri nemici, ma questo non vuol dire che se la situazione lo richieda non sferri un colpo.

Un samurai non porge l'altra guancia.

DOVE POSSO TROVARE UN AIUTO E SUPPORTO CONCRETO?

Due cose mi sono sempre chiesta da quando ho avuto il risveglio spirituale e mi vengono che sempre domandate: Le fiamme gemelle esistono veramente? Unione cosa significa?

Le fiamme gemelle esistono una volta avvertita questa unione, poi si inizia di nuovo a proiettare fuori questa persona e a volere quel qualcosa che proiettiamo fuori di noi, ma che in realtà è dentro di noi.

Dunque, quello che crediamo ci possa far stare bene una volta ottenuto, si parli di fiamma gemella, di una promozione sul lavoro o una casa più bella, in realtà non lo desideriamo realmente perché non sentiamo l'uno.

Se non avvertiamo dentro di noi

tutto quello che è fuori, continueremo a desiderare costantemente. L'ascensione spirituale, il risveglio spirituale, è l'assenza del desiderio. Nonostante ciò, paradossalmente, dobbiamo perseguire il distacco, l'ascensione spirituale. Bisogna padroneggiare tutto questo e, solo allora, avremo ciò che vogliamo. Ecco il paradosso: non c'è nessuno che sta qui e a dimostrarvi chissà cosa sul piano animico.

L'anima è un'espressione che non è separata dalla parte materiale, è dentro di essa. Si manifesta all'interno, fuori, ovunque: coltivate l'unione, l'uno, l'ascensione, coltivate la presenza nel qui e ora e predisponetevi alla vostra *mission*. Perché la missione è questa.

Come coach di risveglio spirituale e fiamme gemelle sono qui per aiutarti. L'ho fatto con tutti i miei studenti, ho dato loro una mano a ricentrarsi e riequilibrarsi e ad arrivare all'unione tanto agognata. Nella maggior parte dei casi, gli autori che consiglio di ascoltare sono i veri maestri spirituali e non i coach *new age*.

Non siete anime gemelle potenziate e non siete qui per fare letture dei tarocchi o canalizzazioni delle vite passate, né pulizie di *karma*.

In realtà non c'è una relazione fra due persone da manifestare, anche perché siamo la stessa cosa, siamo la stessa anima. Perciò, la cosa più importante da trasmetterti è quella di seguire le indicazioni delle persone che attualmente stanno parlando bene, molto bene, di risveglio spirituale; poi, sicuramente, consiglio di guardare il film *Samadhi*, che si trova gratuitamente su YouTube; ancora, di leggere il libro *Il potere di adesso* di Eckhart Tolle, di cui trovate anche l'audiolibro gratuito. Un altro sito che mi piace tantissimo e che è in linea col mio sentire riguardo tale tematica è *New World All Stars* di Kurt, un americano che è bravissimo e che parla di tutto questo in un modo molto leggero e nella vita c'è proprio bisogno di leggerezza. Quando ci si risveglia si diventa più leggeri, si vede il mondo infinitamente bello. C'è una frase *zen* che rispecchia il risveglio spirituale: «Prima del risveglio taglia la legna e porta l'acqua dal fiume, dopo il risveglio, taglia la legna e porta l'acqua dal fiume», nel senso che pur svolgendo le stesse cose, non saranno mai le stesse, ma le si guarda da un'altra prospettiva, quella dell'infinita gratitudine.

Quando finalmente deciderai di

intraprendere questo cammino, l'ego continuerà a fare un po' di resistenza: accetta questo dolore che arriva, accetta le emozioni, non giudicarle, belle o brutte che siano, lasciale scorrere. Aiutati con le risorse che ti ho menzionato nell'arco di tutte queste pagine.

Abbiamo in rete molti contenuti liberi, perché in questo periodo un maggior numero di persone è in procinto di risvegliarsi, e questa sarà la tendenza nei prossimi anni.

Il periodo del risveglio non è una cosa facile e il riconoscimento animico come risveglio spirituale è un fuoco alchemico. Potete sentirlo nel *chakra* cuore come un forte bruciore, come se vi andasse letteralmente a fuoco, perché brucia la nostra identificazione con il velo di Maya, con la mente e con i pensieri, e lasciamo spazio libero perché entri il vero padrone di casa: l'anima. Questa nuova identità è l'unione con la fiamma gemella.

La maggior parte di quello che si sente dire in giro, purtroppo, è un'etichetta che viene data alle anime gemelle che si fanno chiamare fiamme gemelle, perchè lo considerano "cool" e parlano di amore incondizionato, *mission*, purificazione di *karma* mio e tuo, canalizzazioni ecc.

Il mio consiglio è di seguire il mio corso o il mio percorso per non affrontare da soli *la dark night of the soul* e tornare a riunirti con la fiamma gemellacon il mio metodo "sii la luce che vuoi vedere nel mondo". Il corso è efficace, veloce e semplice da seguire, completamente online. Ci sono inoltre diverse forme di pagamento semplici ed economiche e diversi piani di *follow up* a seconda delle esigenze individuali. Aiuto le persone a riconoscere la Fiamma Gemella e il Risveglio spirituale, a riequilibrare l'energia per riunirsi con la loro Fiamma Gemella, così come con la loro essenza, la loro anima, attraverso il mio metodo. Ho imparato tutto dalla mia esperienza di riconoscimento, risveglio spirituale e illuminazione o ascensione. Con la mia esperienza e il mio metodo Elisir77 ti aiuto a superare la Dark night of the soul in semplici passi.

VOGLIO SENTIRMI MEGLIO

https://elisir77.com/

EPILOGO

Un'**illusione ottica** è una qualsiasi illusione che inganna l'apparato visivo umano, facendogli percepire qualcosa che non è presente o facendole percepire in modo scorretto qualcosa che nella realtà si presenta diversamente.

BOOKS BY THIS AUTHOR

Come Aprire Il Tuo Glamping Di Successo

GUIDA ORIGINALE E FONDAMENTALE PER TUTTI GLI ESPLORATORI DI NUOVI MONDI E NUOVI BUSINESS CHE DECIDONO DI INNOVARE. OGGI SIAMO ALLA RICERCA DI INDIMENTICABILI ESPERIENZE ED EMOZIONI FORTI. CON LA MIA IDEA UNDER THE TUSCAN STARS BUBBLE @BUBBLE_ESLISIR77, NATA IN PIENO LOCKDOWN, HO VOLUTO SODDISFARE QUESTA RICHIESTA DA PARTE DI UN AMPLIO PUBBLICO, CHE NON TROVAVA ANCORA UN FEED BACK NEL VECCHIO MONDO TURISTICO TRADIZIONALE. PRIMA AD AVERE QUESTA IDEA IN TOSCANA, LA PRIMA NELLE TENDENZE IN EUROPA DI AIRBNB 2021. LA RIVISTA TRAVELLER, NELLA SUA PUBBLICAZIONE ITALIA WOW 2021, L'ITALIA DELLA RINASCITA, HA SCELTO LA MIA STRUTTURA TRA LE PIU' BELLE ED ORIGINALI DELL'ITALIA DELLA RINASCITA,TRA IL VERDE E LA VOLTA CELESTE ED A BASSO IMPATTO AMBIENTALE. VUOI FARE ANCHE TU COME ME? QUESTA E' LA GUIDA NUMERO 1

Printed by Amazon Italia Logistica S.r.l.
Torrazza Piemonte (TO), Italy

51869291R00080